《未来世界を哲学する》編集委員会［編］

未来世界を哲学する

第4巻

家族と互助・共助の哲学

水野友晴
［責任編集］

中塚晶博・日比野由利・安部 彰・平出喜代恵
［著］

丸善出版

《未来世界を哲学する》編集委員会

〔編集委員長〕

森下直貴　浜松医科大学名誉教授

〔編集委員〕

美馬達哉　立命館大学大学院先端総合学術研究科教授

神島裕子　立命館大学総合心理学部教授

水野友晴　関西大学文学部総合人文学科教授

長田　怜　浜松医科大学医学部(総合人間科学)准教授

まえがき

人間は単独で一生を過ごすことはない。この世に生を受け、社会の一員となり、ついには老いて退場してゆくことが見えてくる。生のいずれの瞬間にあっても、人間は他者との、また社会との関係の中で暮らしている。

ここで関係と呼ばれたことは、生きるに際しての基盤ということでもある。私たちはその生を、助け合い、寄り添い合い、支え合うことでつむぐ。こうしたことが人間としての生を可能にすると言ってもよいし、人間の生の人間らしさはまさにこうしたことに映し出されると言ってもよいだろう。

しかしいま、人間が生きるに際して依拠するところの基盤は大きな変容を遂げつつある。これまで私たちは地縁、血縁と呼ばれたものを基盤としてその生をつむいできた。しかし現状はどうであろうか。一つの地縁共同体（周囲との往来がそれほど頻繁でない比較的閉じられた村落などをその例として考えることができるだろう）の中だけで一生涯を過ごす人は最早ほとんどいない。進学、就職、転勤、結婚などをきっかけとして現代の人々はこれまで考えられなかった遠距離を移動し、居住場所を移すようになった。それも一度きりではなく、多い場合には数年も経たずに転居を繰り返すことが迫られるようになった。

血縁による結びつきもかつてほど強いものではなくなった。今日、近隣に親類縁者が暮らしていることは稀となったし、年に数回定期的に血縁者が集まる機会が持たれることも途絶えがちである。加えて、かつては一族や一家として一枚岩的にまとまっていた血縁的集団は、現在では核家族を単位とするさらに小さな集団がその構成単位として意識されていることが多く、もはや一体感が彼らを満たしているわけではない。この一体感の喪失は核家族の内部にも及んでおり、個ということを意識することが多くなってきている。

何を頼りに私たちは生きていったらよいのか、誰が私たちを支えてくれるのか、そして私たちは誰を支えるべきなのか。こうしたことについて私たちはいま再設計を迫られている。

第1章では介護を例に、どうして私たちは家族を支えなければならないと思うのか、その根拠とされてきたことにはどのようなものがあったのかについて見てゆく。高齢者の介護をその家族が引き受けるのは当然であるという言説は今日強固に社会通念化している。しかし私たちはそこで思考停止してはならない。家族でなければ介護する負担とは無縁だと考えてよいものか。逆に、家族であったら介護する負担が無際限に膨れ上がってもそれを負い続けなければならないのか。さらに、介護を継続的に持続するためにはどのような手立てを講じておく必要があるのか。こうした点について考えてみたい。

第2章では生殖技術の発展と普及が現代の家族形成にどのような影響を及ぼしているかについて見てゆく。生殖補助医療は、カップルが実子を得る、または家族を作る手段として、現在世界中で利用されている。これによって男女のカップルだけでなく同性のカップルであっても子どもを得ることが可能となった。しかし、第三者が必然的に関わるこの技術の利用によって、親の意味合いは遺伝上の親、産みの親、育ての親の三者に分割される。私たちは誰を親とし、誰を親としないのかの選択を迫られることになる。その選択はまた、誰を子とし、誰を子としないか、誰をきょうだいとし、誰をきょうだいとしないかという選択にもつながる。こうした選択の現場でいまどのようなことが起こっているのか、詳しく見てみることにしたい。

第3章ではヤングケアラー問題を例に採り、そこから見えてくるケアと社会の未来について考える。ヤングケアラーはこども家庭庁のホームページで、「本来大人が担うと想定されている家事や家族の世話などを日常的に行っているこども・若者」と紹介されている。しかし、ヤングケアラーにおける「ヤング」という言葉は、どのようなことを含意して使われているのだろうか。「本来大人が担うと想定されている」とはどのような文脈から言われ、大人がケアを担いきれずに子どもや若者がそれに巻き込まれてゆくとはどのような状況を指し、それによってどのような影響や問題が現れてきているのか。さらに、子どもや若者によるケアが、最早ヤングケアラーによるケアとレッテル貼りされることなく、理想的な形で社会全体のケアの中に落ち着くようになるには、どのようなことに留意がなされ、どのような改善が図られるべきか。こうしたことについて見てゆくことにしたい。

第4章では高齢者介護を、家族の義務としてではなく、人間の義務として位置づける可能性について検討する。人間が人間を人間にふさわしく扱うことは、人間にふさわしい扱いを人から施されることであると同時に、扱いを施すその人が自身を人間らしく振る舞わせることでもある。つまり人間が人間を人間としてケアすることは、人間が人間性を発揮すること、すなわち人間が人間であることを実現する営みとして位置づけられ得る。ケアをすることを通じて私たちはより人間となることができ、また、社会をより人間的な社会となすことができるかもしれない。カントの義務倫理学を導きとして、こうした可能性について検討してみることにしたい。

家族に焦点を当てることで浮かび上がってくるこれらの問題は、私たちは人間的な生を現代においてどのように追求し実現していったらよいのかという根本的な問いに直結している。この問いに継続的かつ粘り強く挑戦するための知恵が、本書を通じて少しでも多く届けられることを願っている。

二〇二四年一二月

責任編者　水野友晴

目　次

第1章　家族なき世界における介護の未来
——個人の自由と法律・制度

家族のための介護がきっかけとなって、人生の歯車が狂い始めることがある。

たとえば、あなたは三五歳で、七〇歳の父親と二人暮らしをしており、他に頼ることのできる親族はいないと想像してみよう。そしてある日、父親が脳卒中で倒れ、治療の甲斐あって一命を取り留めたものの、終日の介護が必要な状態になってしまったとする。自宅での介護を続けた場合、従来の仕事を維持することが出来なくなると思ったあなたは、介護施設への入所を父親に勧めてみる。しかし父親は「子供が親の面倒をみるのは当然のことだ」といって拒否したため、受け入れてくれる施設を見つけ出すことが出来なくなった。やがて仕事との両立が難しくなったあなたは離職したが、その頃より父親の暴言が多くなった。「お前の気が利かないせいで俺はいつも不自由な思いをしている。俺の年金に頼って生活しているくせに生意気な奴だ」といった言葉に、あなたは日々苦しめられている……。

高齢の親と二人で平穏な日常を送っているという人は世の中にいくらでもいるだろう。しかし、そのような人の日常と将来の展望は、親に介護が必要となった途端に失われるおそれがある。いざという時に頼ることのできる親族がいない場合はさらに危険である。

たしかに、介護保険をはじめとする各種の公的支援をうまく活用すれば介護者の負担は軽減できるかもしれない。しかし現行の介護保険は、あくまでも介護を必要とする本人のための制度であって、家族を介護から解放することを目的とするものとはなっていないことに注意しなければならない。したがって、本人の望む介護環境が家族の負担を顧みないものだったとしても、これに外部から歯止めをかける方法は限られている。そのことによって生じる問題の所在は、次のような問いによって指し示すことができるかもしれない。先ほどの話の中で父親は、「お前の気が利かないせいでいつも不自由な思いをしている」と訴えている。この父親は、あなたから虐待を受けていると言うべきだろうか。そして、あなたは加害者として責められるべき立場にあるのだろうか。

このように、介護を受ける側が人間であるのと同じく、介護をする側も人間であるという単純な事実が、家族介護という問題を複雑にしている。家族という存在は、いかにして介護と結びつくのだろうか。この疑問に答えるためには、個人にとって家族とは何か、という問いとともに、人間にとって介護とは何か、という問いにも踏み込んでゆく必要があるだろう。

この章の構成は以下の通りである。はじめに、地獄と化す可能性のある家族介護の現状を概観する。次に、「家」という制度に象徴されるような、わが国における歴史的な家族形態と道徳感情が、いかにして家族介護に結びつき、人権との間で葛藤を引き起こしてきたのかについて論じる。その上で、個人の尊重原理を掲げる日本国憲法と現行民法のもとで家族介護がどのように取り扱われているかを検討する。そして、介護を受ける人間にとっての尊厳の意味を考察する。最後に、家族介護の地獄化とは、正当な理由がないにもかかわらず特定の個人に不利益が集中した場合に、これを救済するためのプロセスが保障されないことによって起こる問題に他ならないことを明らかにするとともに、そのようなプロセスに関する経験知を集積することによって開かれるはずの未来について論じる。

1　家族介護は地獄への入り口か

人はなぜ、家族の介護をしなければならないのか

高齢者を介護する家族の多くは、自身にその義務があるかどうかを問題にする余地もないままに、ある種の成り行きによって介護を引き受けるに至ってしまうのではないだろうか。自然の力によって水が低い場所に流れてゆくように、家族のうちの誰かのところにその役割が回ってくるのである。ここで、「親の面倒をみるのは長男の義務である」、あるいは「家族の世話をすることは女性の役割である」といった意見に反発する人は、もはや現代では多数派といってよいかもしれない。その一方で、「家族である以上は介護を引き受けざるをえない」という点について疑問を口にする人は少ない。頭の片隅に疑問の念がよぎったとしても、言葉にする勇気のある人は限られているのである。周囲から非難されることを覚悟しなければならないだけでなく、自責の念にも耐える必要があるからだ。

高齢化が進展し、家族への負担の集中など高齢者介護が社会問題化する中で、社会全体で介護を支える仕組みとして二〇〇〇年にスタートしたのが介護保険制度である（厚生労働省 二〇〇七）。これまで家族内の問題とされてきた介護を、社会全体で分担すべき責務として捉えようとする理念は「介

護の社会化」とも呼ばれている。そのような理念を表明するかのように、介護保険法は国民の連帯を呼びかける一方で（同法一条）、本人の家族や親族の責任についての言及はなされていない。

では、そのような法律の施行によって、介護は「社会化」を遂げたのだろうか。たとえば介護保険制度の歴史において、保険財政の逼迫等を理由として利用者の負担額が増加したり給付内容の削減が行われたりすることがある。そうすると、どこからともなく「介護の再家族化」を批判する声が沸き起こってくるようだ（藤崎 二〇〇九）。ここで注目すべき問題は、介護保険のサービス水準が低下することで家族の負担が増えてしまうということではない。注目すべきなのは、なぜ「再家族化」という言葉が出てくるのかということである。

介護保険とは高齢者本人のための制度であったことを思い出してみよう。制度が拡充された場合の受益者が高齢者本人であるのに対して、サービス水準が低下した場合のリスクを家族が負担するというのは奇妙ではないだろうか。しかし、「介護の社会化」に逆行するような政策が行われようとしたときに、多くの人は介護の「脱社会化」や「個人化」ではなく、「再家族化」を心配するようだ。このことは、介護保険制度の存在にもかかわらず、高齢者を介護する責任を最終的に負っているのは「社会」などといった漠然とした存在ではなく、「家族」だという社会通念が健在であることを示している。

このように、多くの人は、高齢者の介護をその家族が引き受けるのは当然のことだと思っている。そうすると、家族の側は介護を引き受けることに同意していなくても、介護の責任を逃れることはできないのだろうか。これを高齢者の側からみると、自分のことを心底憎んでいる家族しかいない場合でも、そのような家族から介護を受けることを覚悟しなければならないことになるのだろうか。

介護殺人の実態について

いわゆる「介護殺人」と「介護心中」の実態について、湯原悦子教授によって詳細な調査が行われている（湯原 二〇一七）。これによると、新聞報道によって確認が可能な一九九六年から二〇一五年までの二〇年間に生じた事件のうちで、介護に関わる困難を背景に、介護をしていた親族が六〇歳以上の高齢者を殺害、あるいは心中した事例は七五四件で、七六二人が死亡していた。

このうち、配偶者間の殺害事件が三五二件、子が親を殺害する事件が三四五件であった。最も多いのは夫が妻を殺害する事件で二五二件、次に多いのは息子が親を殺害する事件で、二三九件であった。続いて妻が夫を殺害する事件で一〇〇件、娘が親を殺害する事件で八五件であった。自らも後追い自殺する覚悟で高齢者を殺害した心中または心中未遂の事例は二八七件あり、このような事例では死に至る過程において介護者の暴力など、虐待と捉えられるような状況はほとんど生じていなかった。

介護が介護者一人に集中していた事例は二二一件であった。加害者自身に身体障害などがあり、あるいは介護疲れや病気など体調不良があった事例は二三七件であった。社会資源の活用については、通院が確認できた事例は一〇八件、何らかの介護保険サービスを利用していた事例は一二六件であった。また、金銭的に困窮していた事例は七〇件であった。

事件の動機について、加害者が警察や検察で供述する内容は大きく分けて「介護に疲れた」か「将来に悲観」、もしくはその両方であった。加害者の罪名は殺人、自殺関与、同意殺人、傷害致死、保護責任者遺棄致死のいずれかであった。判決の多くは、三年以内の懲役に執行猶予が付されるというものであった。

さらに興味深いのは、調査の期間中にあたる二〇〇〇年に介護保険制度が開始されていることである。介護保険によって介護殺人は減少したのだろうか。この疑問に対して本研究は、二〇〇〇年以降、介護殺人の件数が顕著に減少したという傾向は確認できなかったと結論づけている。つまり、介護保険制度それ自体に、介護殺人を防止するまでの作用は認められなかったのである。

孤立する家族と、家族の中での孤立

家族内で介護の負担を抱え込むことなく、周囲からの適切な働きかけがなされていたとすれば、介護殺人の多くは未然に防ぐことができたかもしれない。しかし、家族の中で弱い立場にある者が高齢者の介護を押し付けられ、家族内の圧力によって外部からの援助も遮断されてしまうという問題が生じることもある。

二〇一九年一〇月に発生した事件は、そのような働きかけがいかに困難であるかを暗示するものであった。この事件を報じた毎日新聞の記事によると、二〇二〇年九月に開かれた裁判において、幼稚園教諭だった二二歳の女性は同居していた祖母（当時九〇歳）の殺害を認め、「介護で寝られず、限界だった」と語ったという。[*1] 親族から介護をほぼ一人で背負わされ、仕事との両立に苦しんだ末のことだった。これに対して、「介護による睡眠不足や仕事のストレスで心身ともに疲弊し、強く非難できない」として懲役三年、執行猶予五年（求刑・懲役四年）の判決が言い渡された。

記事は、事件の背景についても詳しく報じている。それによると、事件に至るまでの経緯には女性の生い立ちが深く関係しているようだ。女性が幼い時に両親は離婚し、ともに暮らした母は小学一年生の時に脳出血で亡くなってしまった。児童養護施設に移された女性を引き取ったのが父方の祖母だった。しかし祖母からは母親の悪口を聞かされる事が多く、女性は中学生になると精神的なバランスを崩すようになったため、医師からは「祖母とは同居しない方がいい」とアドバイスされた。その後、中学から短大時代まで身を寄せた叔母の家では、「許可がないと遊びに行けない」と友人にこぼし、叔母の子供の面倒をみるために学校の早退や部活を休むことがよくあったという。

女性は短大に進学し、夢だった幼稚園教諭として働くことが決まった。しかし、女性の生活は再び狂い始めた。二〇一九年二月に認知症と診断された祖母は、靴を履かずに深夜にうろつき、近所の家の呼び鈴を鳴らすようになったのである。

「おばあちゃんに学費を出してもらったのだから、あなたが介護するのが当然だ」という叔母の一声で、介護は女性が担うことになった。女性は祖母を担当するケアマネジャーと直接連絡を取ることも禁じられ、何を言っても叔母は「あなたが面倒をみて」と言うだけだった。事件が起きたのは、そんな生活が五カ月続いた末のことだった。

裁判では、叔母が検察側の証人として出廷し、「介護は家族みんなで頑張った」と話す一方で、ケ

＊1　春増翔太『「限界だった」たった一人の介護の果て　なぜ22歳の孫は祖母を手にかけたのか』毎日新聞（二〇二〇年一〇月二八日）

アマネジャーが「祖母の入院を勧めたが、叔母らが拒否した」と証言する場面もあったという。

2 家族に満ちた世界の終焉

「家」という制度の中の個人

「幸福な家族」、「家族の名誉」といった言い回しを不自然と感じる人はあまりいない。家族という名の生物が個体として現実に動き回っているわけではないが、幸福や名誉が帰属する主体という意味において、多くの人は家族という集団に個人と同等の資格を認めているのである。そうすると、個人という存在を超えて、家族がそれ自体として幸運に恵まれ、もしくは不運に見舞われるということもありうるのだろうか。あるいは、個人の人生の範囲を超えて、家族がそれ自体として永続する世界を想像することは可能だろうか。じっさい、そのような家族のありかたの基盤となったのが、わが国における「家」という制度であった。

明治維新より以前、家は一体となって家業を営む組織であり、いわば法人のような存在だったと考えられている（水野 二〇二二）。武士、町人、百姓を問わずあらゆる階層の人々は、どこかの家に帰属し、その家の職業を営むことによって生きていた。家がピラミッド状に階層をなして国中を埋め尽くしていたのである。財産は個人でなく家に帰属するものと考えられており（家産制）、家産を管理するとともに家を代表する役割を担う者が戸主であった。個人の運命と家の運命が一体となった世界において、数世代にわたって「家運」に恵まれた家は繁栄し、そうでなかった家は衰退していったのである。

これに対して、西洋諸国と整合しうるような個人財産制度を創設する一方で、個人に権利を認めることとは調和し難いとも思われる家制度をも編み出したのが明治民法であった。そして、個人がどの家に帰属するかを明らかにする基準として用いられたのが戸籍であった。つまり一枚の戸籍に記載されたメンバーをひとつの家としたのである。相続、扶養、親権などの家族法の効果は、家を同じくするかどうかが重要な基準となった。個人財産制が採用された以上、家産は戸主の個人財産とならざるをえず、その代わり戸主は家族員の扶養義務を負うこととされた。戸主の死亡や隠居による財産（事実上の家産）の移転は、家督相続という独特の相続法によって規律されることとなった（水野 二〇二一）。

「民法出でて忠孝亡ぶ」と題して一八九一年に発表された穂積八束の論考は、当時を代表する法学者の一人が家というものをどのように考えていたのかについて知ることのできる貴重な資料である（穂積 一八九一）。穂積は、フランスの歴史家フェステル・ド・クーランジュの説を援用して、法制度の以前に家制度があり、国家権力の以前に家父権があったと主張する。家父権が神聖であるのは、家長が祖先の神霊を代表するからだという。

法制史は法の誕生を家制に見、権力の源泉を家父権に溯る。然れども何が故に家父権は神聖なりやと問はば、之を祖先教の国風に帰一せざるべからず。祖先の肉体存せざるも、其の聖霊、なお家に在りて家を守護す。各家の神聖なる一隅に常火を点して家長之に奉祠す。是れ所謂家神なり。祖先の神霊なり。事細大と無く之を神に告ぐ。是れ幽界の家長にして、家長は顕世に於きて祖先の霊を代表す。家長権の神聖にして犯すべからざるは、祖先の霊の神聖にして犯すべからざるを以てなり。家族は長幼男女を問わず一に其の威力に服従し一に其の保護に頼る。

先祖代々の家神は、家族の不滅を望んでいる。「家族」とは「神火を共有する者」という意味の古語に由来する言葉だという。やがて、家長権の及ぶ範囲が「家属」と呼ばれるようになった。家属には血縁のない者が含まれる場合もある。

家神は其の子孫にあらざれば之を守護せず。各家に其の神あり。之を絶滅することを忌む。家運の恒久を顕するなるべし。共に同一の神火に頼る者を家族と云ふ（古語家族とは神火を同ふすると云ふ義なり）。後代、或は家長権の及ぶところを家属とし、必ずしも血縁の因のみに限らざるの制あり。

家族が不滅でなければならないとする思想の極めつけは、結婚観の中に見出すことができる。嗣子が妻帯しないことは許されず、娶った妻が出産しなければ放逐し、あるいは他家から養子を迎えることによって家の断絶を防がなければならないのである。結婚とは、子孫を絶やすことなく、家を永続させるための手段だからだ。しかも、そのような家族制度は古代のヨーロッパにおいても広く認められ、根本には祖先崇拝があったのだという。

婚姻に由りて始めて家を起こすにあらず。家祠を永続せんが為に婚姻の礼を行ふなり。ここを以て、古法は娶らざるを禁じ、また子無きときは婦を去ることを認め、あるいは他姓の子を養ふて家祠の断絶を防ぐ、みな古欧の家制は今の家制と其の主想を異にし、祖先教に本源することを証するものなり。

家族にはそれぞれの家神があり、家神の守護が子孫に限られるのだとすれば、人々の最大の関心が自己の所属する家族の存続と繁栄に向かうのは当然のことである。そして、そのような態度は他家の事情（いわゆるヨソゴト）に対する冷淡さと表裏の関係にあったともいえそうだ。人々は、自家の不運を恥として他家から隠すとともに、他家の幸運を羨み、時に妬み、その一方で他家の不運を噂しながら他山の石としていたのである。

家族とは、それ自体が一個の生活体であって、個人はその手足にすぎない。かつて、家族がそのような存在であったことは、現代の我々が口にする「家族介護」という言葉の奇妙な含意とも符合している。高齢者の介護をその家族が担うのは、それが義務であるかどうかを問題にするまでもなく、一個の生活体としての自然な事象にすぎない。しかも、介護が家族内の問題である以上は、これに他家の者が口出しをすることは憚られるのである。

個人の守護者としての家族

個人の権利よりも家の存続が優先される世界が、個人に対して常に抑圧的なものだったのかというと、そうとも限らない。家族は、個人を保護する力強い後ろ盾でもあったからだ。日露戦争中に発表された与謝野晶子の長詩「君死にたまふことなかれ」は、人権によっては国家に対抗することのできなかった時代において、家族というものが国家に対抗する規範となりえたことを示している。

ああ、弟よ、君を泣く、
君死にたまふことなかれ。
末に生れし君なれば
親のなさけは勝りしも、
親は刃をにぎらせて
人を殺せと教へしや、
人を殺して死ねよとて
廿四までを育てしや。

彼女は問う。国家の命令と親の教えが相矛盾した場合に、親の教えに背くようなことが許されるだろうか。この問いかけは絶妙というほかない。かつて穂積八束が、「法制史は法の誕生を家制に見、権力の源泉を家父権に溯る」と論じていたことを思い出してみよう。国家の命令が正当なのは、家父権が正当だからであった。そうすると、国家の命令であっても、親の教えに背くようなことは許されないはずである……この詩を目にした当時の人々の脳裏をかすめたのは、このような思考ではなかっただろうか。そんな読者に追い討ちをかけるように、この詩は次のように畳みかける。

堺の街のあきびとの
老舗を誇るあるじにて、
親の名を継ぐ君なれば、
君死にたまふことなかれ。
旅順の城はほろぶとも、
ほろびずとても、何事ぞ、
君は知らじな、あきびとの
家の習ひに無きことを。
……

このように、「家」と「国家」の関係についても彼女の主張は一貫している。老舗を誇る商家の後継者ともあろう者が、国家の一兵卒として死んでゆくことは許されないのである。

その一方で、個人の行動に対する家族の影響力が決定的なものとなりうることは当然、国家の側も承知していた。このことは、一九四一年に当時の陸軍大臣・東條英機が発した「戦陣訓」からも窺われる。

恥を知る者は強し。常に郷党家門の面目を思ひ、いよいよ奮励してその期待に答ふべし。生きて虜囚の辱を受けず、死して罪禍の汚名を残すことなかれ。

（『戦陣訓』本訓 其の二、第八 名を惜しむ）

戦地に赴いた者が生きて帰ってくることを家族が願うのは当然である。しかし、家族に恥をかかせたくなければ命を惜しんではならない、といって釘を刺しておくことに、国家の側も抜かりはなかったのである。

家族観をめぐるフィルマーとロックの対決

第二次世界大戦以前の日本社会において、忠孝の精神は、しばしば愛国心と同一視されて個人の行動を規律する基本原理であり続けた。そして、家や国家の盛衰といった一大事に比べると、個人の幸福や自由などは些事にすぎなかった。そのような社会について言及するバートランド・ラッセルの論調は、いささか辛辣である。*2

政治的権力がいかなるやり方においても、子どもに対する親の権力と同等に考えるべきだ、といった考えは日本以外にいるどのような現代人にも思い浮かばないであろう。確かに日本においては、フィルマーの言説ときわめて類似した説が今なおいだかれており、それはすべての教授や学校教師によって教えられなければならないとされている。

ここで槍玉にあげられているのは、一六八〇年に公刊された『パトリアーカ（家父長論）』の著者であり、いわゆる王権神授説の論客として知られたロバート・フィルマーの言説である。ラッセルをして、当時の日本人が抱いていた思想にきわめて類似すると言わしめたフィルマーの言説とは、どのようなものであったのだろうか。[*2]

フィルマーは政治的権力というものを、どのような種類の契約や公共善というもののいかなる種類の配慮からも派生するものではなく、まったく子供に対する父親の権威というものから出てくるように説いている。彼の見解は次の通りである。すなわち国王の権威の源泉は、子供が親に隷属するということにあり、「創世記」に出てくる家長は君主でもあった。また国王はアダムの後裔であるか、あるいは少なくともそのようなものとみなすべきであり、国王の自然権は父親のそれと同じであること、さらにその本性上、息子が成人し親が耄碌している場合でさえ、息子たちは親権というものからけっして自由ではない、ということである。

一個の家族全体を支配し、保護すべき役割を一人の父親が担わなければならないのだとすれば、父親の精神に多少の障害を来したからといって、そこから簡単に逃れることが出来る者はいなくなるだろう。ラッセルの目からみた日本とは、そのような場所であったようだ。もっとも、これが人間性に

＊2　バートランド・ラッセル『西洋哲学史』「第一四章　ロックの政治哲学」市井三郎訳、みすず書房、一九六九年

とってけっして厭わしいことではないことをラッセルは認めている。それは、人類発展のある種の段階においては自然なことであり、フィルマーの他にも同様に考える人が大勢いたに違いないスチュアート王朝期のイングランドは、この段階を通り過ごしてしまったのに対して、日本はまだそれを通過しきっていないのだという。

ラッセルが『西洋哲学史』の中で批判的に言及するよりもずっと以前から、フィルマーの言説は思想史における過去の遺物にすぎないとの見方が一般的だったようである。しかしフィルマーの名は、その思想に対する評価よりもむしろ、これを否定した人物の思想が人類史に及ぼした決定的な影響力によって、不滅のものとなった。ジョン・ロックが一六八九年に著した『市民政府論』において、思想上の敵とみなされた存在こそがフィルマーだったのである。たとえば、以下に引用した箇所では背理法を手際よく用いることによって、王権神授説の誤りが簡潔に示されている。*3

まず、彼らの説がすべて真であると仮定しておく。そして今、アダムの正統な相続人が判明しており、そのような血統を根拠として君主が王位に就いているとする。その権力は、ロバート・フィルマーの言う絶対的かつ無制限の権力である。そうした権力を有する君主が世嗣の誕生後間もなく亡くなると、残された世嗣はそれまでになく自由の身になり、だれよりも抜きん出た存在になる。そうなると、もはや母親や乳母、後見人や傅育係に服従しなくてもよいのだろうか。そうはならない。(六一節)

父親の権力に対するロックの見解は、フィルマーのそれとは全く相容れないものであった。その手始めとしてロックは、「父権」ではなく「親権」という言葉が用いられるべきだと主張する。

……この父権という言葉のように、旧来の名称が誤解を招きやすい場合は、新しい名称を提案してもあながち的外れではあるまい。父権という言葉を使うと、あたかも親権は父親が独占し、母親はそれに与らないかのような印象になる。ところが、理性または啓示に照らすなら、母親にも同等の権利があることが分かる。そうだとすると、「父権はむしろ親権と称したほうが妥当なのではないか」という疑問が生じたとしても無理はない。（五二節）

このようにロックは、家族全体を支配する父権などというものを認めていない。そして彼のいう親権とは、子どもを一人前に育てる義務を果たすための手段に過ぎないものであった。したがって、子どもが成人すると同時に親権も、その役割を終えて消滅することになる。

……子どもを世話するのは、親の義務である。一体いかなる理由があって、そのような義務が父親の絶対的、恣意的支配へと格上げされるのか。父親の権力には限りがある。せいぜい以下のことをするだけである。子どもを、本人にとっても人様にとってもできるだけ役に立つような人間に育て

＊3　ジョン・ロック『市民政府論』「第6章　父権について」角田安正訳、光文社、二〇一一年

ること。そのために最適の体力と健康、精神力、そして素直な心を身につけさせること。それを実現するための方法として、最も効果的と判断される躾をほどこすこと。また、窮状におちいった父親がやむなく子どもたちを働かせることもあろう。ただしそれは、子どもたちが生計を立てるために働くことのできる年齢に達していればの話である。いずれにせよ、このような権力には、父親ばかりか母親も与っているのである。（六四節）

ロックの言説からは、家族という集団そのものに何らかの実体があって、そこに個人が帰属するといった観念が欠落していることがわかる。あらゆる権利や義務は個人に直接帰属するものであって、家族それ自体に帰属するわけではない。彼は、フィルマーが考えていたような家族と個人との関係を逆転させたのである。

3　人権と親孝行

個人の尊重原理と親孝行は両立するか

今日の意味における人権の観念を、明瞭な輪郭線によって描き出してみせた人物こそがロックであった。[*4]

耳を傾けさえすれば、理性（つまり自然法）の声が次のように教える。人間は皆それぞれ平等で独

立した存在なのだから、何人も他人の生命や健康、自由、財産を侵害してはならない。（六節）

ロックの言葉は、一八世紀末のアメリカ独立革命時に誕生する一連の権利章典の中で反響を重ね、当時の人々を近代市民革命へと導いていった。そのさきがけとなった一七七六年のヴァージニア権利章典第一条には以下のような規定が置かれている（高木ほか 一九五七）。

すべて人は生来ひとしく自由かつ独立しており、一定の生来の権利を有する者である。これらの権利は人民が社会を組織するに当たり、いかなる契約によっても、人民の子孫からこれを奪うことのできないものである。かかる権利とは、すなわち財産を取得所有し、幸福と安寧とを追求獲得する手段を伴って、生命と自由とを享受する権利である。

これらの文言は、一七八九年のフランス人権宣言における「人間のもつ譲渡不可能かつ神聖な自然権を荘重な宣言によって提示することを決意した。」（前文）、「人間は自由で権利において平等なものとして生まれ、かつ生きつづける。」（一条）等の規定にも引き継がれていった。そして第二次世界大戦を経た一九四八年、第三回国際連合総会は「世界人権宣言」を採択する。その中に設けられたのが以下のような規定である。

＊4 ジョン・ロック『市民政府論』「第2章 自然状態について」角田安正訳、光文社、二〇一一年

すべての人間は、生れながらにして自由であり、かつ、尊厳と権利とについて平等である。（第一条）

すべて人は、生命、自由及び身体の安全に対する権利を有する。（第三条）

このようにして、ロックの言葉は数百年という時間をかけて世界を覆いつくしていったのである。フィルマー的な言説が支配すると思われた日本も例外ではなかった。一九四七年に施行された日本国憲法は、基本的人権の尊重（個人の尊重）を基本原理とするものとなった。そして、「すべて国民は、個人として尊重される。生命、自由及び幸福追求に対する国民の権利については、（中略）最大の尊重を必要とする」（同一三条）等の規定をみると、ロックによって発せられた言葉はここでも残響を轟かせていることがわかる。同憲法の施行に伴い、旧民法のうちで人権（個人の尊重原理）と両立しがたい部分、とりわけ家族秩序に関する規定は改正を余儀なくされた。このとき、家という概念から法律用語としての意味は失われたのである。

すべての国民に対して個人としての自由と独立が保障されるのだとすると、親といえども成年に達した子どもに対しては、いかなる強制力も行使することができなくなるのは当然のことのように思われる。そうすると、親の側から子どもに援助を求めた場合、子どもには親の求めを拒絶する自由も保障されるのだろうか。あるいは、親が子どもに援助を「求めた」のではなく、「命じた」場合はどうなるのだろうか。かりに、そのような命令に従う義務があるのだとすれば、親が存命である限りは親の支配下にあるのと大差ない状態が続くことにならないだろうか。

この点に関して、ロックは以下のように考えていたようだ。[*5]

子の義務には、敬服と敬愛の念を遺憾なく表現することも含まれている。子は、両親の幸福と生命を損なう、傷つける、妨げる、危うくするなどの行為はすべて慎まなければならない。両親は、幸福と生命を与えてくれた恩人なのである。……いかなる立場を占めようとも、いかなる自由を得ようとも、この義務をまぬかれることはない。（六六節）

ロックは、親に対する子どもの義務が発生する根拠を、幸福と生命を与えてくれた恩に求めている。そして慎重に言葉を選びながら、その義務の内容についても語っている。しかし、「両親の幸福と生命を損なう、傷つける、妨げる、危うくするなどの行為はすべて慎まなければならない」といった文言から具体的な意味を導き出すことは容易ではない。親の生命や幸福が危機に瀕しているにも関わらず、これを放置することは許されないとの意味が含まれるのだとすれば、親の介護などの義務もこれに含まれるとみる余地があるだろう。

両親には以下の、終生の権利が生ずる。すなわち、大事にされる、うやうやしい扱いを受ける、助けを得る。言いつけを守らせる……。しかし、このような権利は大きくもなれば小さくもなる。そ

＊5　ジョン・ロック『市民政府論』「第6章　父権について」角田安正訳、光文社、二〇一一年

れは、父親が子どもの養育にあたってどれほど面倒を見たか、どれほど費用をかけたか、どれほど愛情を注いだかによって決まる。（六七節）

親が子どもから大切にされる権利の大きさは、親が与えた恩恵の量に比例するとロックは考えていたようだ。親から受けた恩によって子どもに義務が生じるのだとすれば、これは当然の帰結と言うべきかもしれない。そうすると、親から虐待を受けた子どもは親の面倒をみる必要はないと考える余地もあるだろう。

人は、古老や賢者を敬い、尊ばなければならない。子どもや友人を守ってやらねばならない。恵まれない人々に救いの手を差し伸べ、生活を助けなければならない。恩人には、持てる物と持てる力を出し尽くしても十分に報いることができないほど重い恩を、しっかり返さなければならない。しかし、これらの義務がすべて重なり合っているからといって、義務を負っている当人を支配するために法律を設けてもよいものだろうか。そのようなことをする権限や権利は、だれにもない。しかも、次のことは明らかである。すなわち、単に父親という名があるだけでは、こうした義務をことごとく要求するわけにはいかない。（七〇節）

ロックは、子が親の恩に報いるべきであることを認める一方で、これを強制することについては消極的であることがわかる。親といえども、子どもの自由と独立を損なうような要求をすることは許されないのである。しかも、子が親の恩に報いるべき義務を負っているのは、人が恵まれない人々に救いの手を差し伸べる義務や、親に限らず恩人一般に対して報いる義務を負っているのと同様の理由によると考えているようだ。そうだとすると、親子という関係そのものには特別な意味を認めていないようにも読めるのである。

以上をまとめると、次のような結論を導くことが出来そうだ。親の生命や幸福が損なわれそうになったときは、出来る限りの援助をするのが子どもの義務である。ただし、自分が受けた恩以上のものを返す必要はない。そして、そのような義務の履行を強制することは控えるべきである。同様の考え方は、親に介護が必要になった場合についてもあてはまるのではないだろうか。ロックの意見に従う限り、親の介護のためにどの程度の負担を引き受けるかは、最終的には子どもの側の判断に委ねられるべきであり、誰も強制することはできないということになりそうである。

親孝行とキリスト教

親孝行をしなければならないという感覚には、文化を超えた普遍性を認めることができる。過激な個人主義を唱導したようにも思われるロックでさえ、人間は親から受けた恩に報いるべきであるということを認めていた。そして、彼が『市民政府論』の中でも引用する通り、親孝行の義務は聖書の中でも語られている。

汝の父母を敬え（出エジプト記　第二〇章一二）

すべてその父またはその母を呪う者はかならず誅さるべし（レビ記　第二〇章九）
汝らおのおのその母と父を畏れるべし（レビ記　第一九章三）
子たる者よ、汝ら両親に順え（エフェソの信徒への手紙　第六章一）

もっとも、親孝行という規範に対するイエス・キリストの態度は単純ではない。両親と神の二者択一を迫られた場合、人は神を選ばなければならないのである。

ある役人がイエスに尋ねた、「よき師よ、何をしたら永遠の生命が受けられましょうか」。イエスは言われた、「なぜわたしをよき者と言うのか。神ひとりのほかによい者はいない。いましめはあなたの知っているとおりである、『姦淫するな、殺すな、盗むな、偽証を立てるな、父と母とを敬え』」。（ルカによる福音書　第一八章一九‐二〇）

わたしが来たのは地上に平和をもたらすためだ、と思ってはならない。平和ではなく、剣をもたらすために来たのだ。わたしは敵対させるために来たからである。人をその父に、娘を母に、嫁をしゅうとめに。こうして、自分の家族の者が敵となる。わたしよりも父や母を愛する者は、わたしにふさわしくない。わたしよりも息子や娘を愛する者も、わたしにふさわしくない。また、自分の十字架を担ってわたしに従わない者は、わたしにふさわしくない。自分の命を得ようとする者は、それを失い、わたしのために命を失う者は、かえってそれを得るのである。（マタイによる福音書

第一〇章三四–三九）

聖書の中において、神は父親のような存在として語られることが多い。しかし、だからといって父親が神のような存在になることはありえないのである。

あなたがたのだれが、パンを欲しがる自分の子供に、石を与えるだろうか。魚を欲しがるのに、蛇を与えるだろうか。このように、あなたがたは悪い者でありながらも、自分の子供には良い物を与えることを知っている。まして、あなたがたの天の父は、求める者に良い物をくださるにちがいない。（マタイによる福音書　第七章九）

親孝行と仏教

多くの日本人にとっては意外なことかもしれないが、仏教の言説の中で、親孝行は必ずしも絶対的な規範として強調されてきたわけではなかったようである。これには、仏教の伝統的な出家制度が親孝行と両立しがたいものであったことに加え、開祖とされる釈迦自身が、妻子ある王子という立場にありながら家族を捨てて出家した人物であったことが関係している。たとえば親鸞が残したとされる次のような言葉からは、親孝行に対する彼の考え方を窺い知ることができる（梅原　一九五四）。

親鸞は亡くなられた父母の追善のためとおもうて念仏申したことは一遍もない。生きとし生けるものは、生まれかわり死にかわりしているうちに、いつかの世で、みな父母ともなり兄弟ともなったものである。だから、この次の生涯で仏になったうえで、だれもかれもたすけねばならないのである（歎異抄　第五条）

一切の生きとし生けるものが何度も生まれ変わり、父母兄弟と同様のつながりがあるのだから、この世で直接つながる父母と一切衆生とを区別するわけにはいかないというのが親鸞の考えであったようだ。

その一方では、親孝行の教えを仏教に結びつける上で決定的な役割を演じたと思われる経典も存在する。『仏説父母恩重経』である。

是のとき仏すなわち法を説いて宣わく、一切の善男子、善女人よ、父に慈恩あり、母に悲恩あり。そのゆえは、人の此の世に生るるは、宿業を因として父母を縁とせり。父にあらざれば生れず、母にあらざれば育てられず。（仏説父母恩重経）

この経典には、いかなる自己犠牲をも厭わずにわが子の誕生と健やかな成長をひたすらに喜び、やがて老いてゆく父母のありさまが、読む人の心を揺さぶらずにおかない筆致で描かれている。そのように釈迦が弟子に語り、親不孝を戒めたのだという。しかし文献学的な研究によって、この経典が偽書（いわゆる疑経）であることはほぼ確定している。今日では、唐代ないし宋代の中国で排斥の危機にあった仏教勢力が、伝統的な家族倫理との共存を模索する中で編み出した経典の一つが「仏説父母恩重経」と考えられている。仏教が前提とする輪廻転生という世界観と出家制度は、儒教的な価値観に反するものだったのである（秋月 一九六六）。

親孝行と儒教

儒教という思想体系においては、親孝行という規範に特別な場所が与えられてきた。個人の独立を出発点としてロックが、あるいは人間の理性を出発点としてカントが、世界の秩序を構想したように、儒教的な秩序を構想するための出発点とされた概念の一つが親孝行だったのである。

孝弟は仁の本なり（論語 学而篇）
それ孝は徳の本なり（孝経 第一 開宗明義章）

このような思想は、近世以来の日本人の道徳観にも強い影響を及ぼしきた。そして、わが子に危害を加えるような親に対しても儒教の態度は一貫していたようである。中国神話に舜という名の君主が登場する。司馬遷が「天下の徳は舜より始まった」と評したことでも知られ、とりわけ儒家から神聖視された人物である。その生涯は、概ね以下のようなものであったという（坪井 二〇〇一）。

舜の家は貧しく、田畑を耕し、川魚を採り、陶器などの日用雑貨を作って生計を立てていた。母を早くに亡くして継母、連子、父親と暮らしていたが、父親たちは連子に後を継がせるために隙あらば舜を殺そうと狙っていた。ある日、父親たちは舜に屋根の修理を言いつけた後で梯子を外し、下から火をたいて舜を焼き殺そうとした。しかし舜は二つの傘を鳥の羽のようにして逃れた。それでも諦めず、今度は井戸さらいを言いつけ、その上から土を放り込んで生き埋めにしようとした。しかし舜は横穴を掘って脱出した。このような事をされても舜は変わらず孝を尽くしていた。舜の行いを知った堯はこれを登用し、天下を摂政させた。そうすると朝廷から悪人は追い出されて百官が良く治まった。それから二〇年後、堯は舜に禅譲した。

4 家族介護と戦後民法

扶養義務と介護義務の関係について

わが国の現行法上、家族による介護義務の根拠としてしばしば言及されるのは、民法八七七条が定める「扶養義務」である。同条一項によると、「直系血族及び兄弟姉妹は、互いに扶養をする義務」を負うとされる。たとえば親子は「直系血族」の関係にあるので、親子は相互に扶養の義務を負うということになる。では、扶養義務を負う者は介護を引き受ける義務も負うのだろうか。

明治民法では、高齢者に身の回りの世話や介護が必要となった場合に備え、扶養義務の履行方法として「引取り扶養」が規定されていた。老親など扶養権利者が請求すれば裁判所から子に対して引取りが命じられることがあったのである（明治民法九六一条）。しかし、一九四七年の民法改正によってこの規定は削除され、扶養は経済的な援助に限定されることになった。かりに、高齢者を引き取って介護することが強制されてしまうと、介護のために離職したり、場合によっては終日の介護のために扶養義務者やその家族が心身をすり減らして共倒れになったり、ストレスから高齢者を虐待するような事態も起こるかもしれない。このような問題を避けるために、扶養義務は経済的援助に限定されたのである。これは「実行不可能なことを強制してはならない」という民法の大原則の表れということもできる（二宮 二〇二〇）。

したがって、高齢者が専門機関や第三者から介護サービスを受け、その費用を自ら負担し、負担しきれないときは扶養義務者に対して費用相当額を扶養として請求することができる。しかし、高齢者が身の回りの世話を家族にしてもらうこと（引取り扶養）を求めたとしても、これを強制することを現行法は認めていない。ここにいう「引取り扶養」とは、具体的にいうと同居のことである。つまり法律上、「同居」と「介護の引受け」は明確に区別されず、ほぼ同一の事象として取り扱われてきたといえる。

自分とは離れて暮らす親が自力で生活できなくなった場合、家族としては親と同居して介護を引き受けるべきかどうかという葛藤に向き合わざるをえない。そのような葛藤を前にした家族に対して、戦後民法の態度は寛容であることがわかる。明治民法とはちがって親との同居を選択するかどうかの自由が保障されているからである。しかし、ひとたび介護を引き受けた者に対して、法は打って変わったように厳しい表情を見せることになる。まず、介護者がどこまでの責任を負わなければならないのかという限界について法は沈黙しており、家族内での自主的な解決に事実上委ねられている。結果として介護者がどれほど過酷な状況に置かれたとしても、介護者側の都合だけで事態を打開するのは難しいということになる。それどころか、最善といえるような介護を怠った場合は虐待と見なされる可能性があり（高齢者虐待防止法二条四項一号）、刑法上の罪に問われるおそれもある（保護責任者遺棄罪、刑法二一八条）。たしかに、介護保険制度などの公的サービスを利用し、第三者からの助言や援助を取り入れることで家族の負担を減らす余地はあるかもしれない。しかし、悲惨な状況に陥らずにすむかどうかは、最終的には家族の自助努力と周囲からの援助、そして幸運に委ねられていると言わざるをえない。同居を選択した後の家族に対して法は必ずしも退路を用意していないのである。

そうすると、ここで新たな疑問が生じることになる。親に介護が必要となる以前から同居していた場合、その家族は自動的に介護を引き受けることになるのだろうか。先に見た通り、介護のために離職したり、家族が共倒れになったり、ストレスから高齢者を虐待したりするような事態を招いたりする恐れがある以上は、別居の家族に親との同居を強制するわけにはいかないと考えるのが民法の態度であった。その民法が、もともと同居していた家族については同様の事態に陥ることになっても致し方ないと考えているのだとすれば、矛盾を犯しているようにも思える。別居の家族に対して「実行不可能なことを強制してはならない」という理想論を語っていたはずが、同居の家族の前では正反対の態度で二枚舌を使い分けているように見えるからである。しかし、あえて同居を選択した家族に退路が保障されていないのだとすると、当初から同居していた家族の場合も同様に考えざるをえないだろう。つまり、もともと親と同居している家族には、介護を引き受けないという選択肢が与えられていないのである。

近い将来、もしも親の介護を引き受けることになった場合、どこまでの負担を背負うことになるのか見通しを立てることは難しく、そこから解放される保証もない。自身の人生設計についても、予想外の見直しを迫られることになるかもしれない。そのようなリスクを恐れる人は、一刻も早く親から離れて、どこか遠い場所に移り住んだほうがよいかもしれない。

ところで、家族介護について語る際には、親の介護と配偶者の介護との間で法的な意味合いに違いがあることに注意が必要である。まず、親子の場合とは異なり、夫婦には同居の義務が定められている（民法七五二条）。そうすると、配偶者の介護から逃れることは現実的に不可能ということになるのだろうか。この疑問に対しては、かりに、相手方のための介護負担を一切引き受けたくないと思うまでに信頼関係が失われていたのであれば、夫婦のどちらか一方に介護が必要となる以前の段階で離婚をしておくべきだったといえるかもしれない。親子関係とは違って、夫婦関係には離婚という解消手段が存在するからである。つまり、婚姻は当事者間の自由な合意によってなされたのだから、お互いの運命を引き受けることについても、ある程度の合意があったとみることができるのである。

「監督義務」はミクロな監獄の発生装置か

離れて暮らす家族に介護が必要になったとしても、扶養義務（民法八七七条）のために同居を強制されることにはならないかもしれない。しかし、介護を必要とする原因が認知症だった場合は、さらに複雑な問題が残されている。

高齢者が自動車の運転を誤って（あるいは暴走させて）無関係の通行人の命を奪うような事件が発生すると、インターネット上の掲示板やSNS（ソーシャル・ネットワーキング・サービス）などで高齢者本人だけでなく、その家族に対する非難が巻き起こることがある。たしかに、認知症などによって安全に運転することが難しいと診断された高齢者の自動車運転は原則として禁止されており、運転免許も取り消されることになっている（道路交通法一〇一条の四）。しかし、運転免許の有無にかかわらず、家族が目を離した隙に本人が運転席に乗り込んで勝手に自動車を走らせる可能性は残されている。そうすると、高齢者の行動を常に監視するために、その家族が身動きできなくなってしまったとしても、それは致し方ないことと言うべきなのだろうか。

民法七一四条一項によると、「責任無能力者を監督する法定の義務を負う者は、その責任無能力者が第三者に加えた損害を賠償する責任を負う」とある。同条の規定する「監督義務者の責任」とは、明治民法当時の姿のまま戦後の民法に引き継がれてきた制度で、もともとは、幼児が他人に迷惑をかけた場合に親が責任を取らなければならないといった状況が想定されていたともいわれている。この制度は果たして、認知症のために責任能力を否定された高齢者が他人に迷惑をかけた場合にも妥当するのだろうか。特に気になるのは、親と別居中であっても、その子が責任を取らなければならない場合はあるのだろうか、という疑問である。

二〇一六年、この問題について正面から争われた事件の判決が最高裁判所（最高裁）で下された。この事件は、愛知県内で二〇〇七年、当時九一歳だった認知症の男性が徘徊中、列車にはねられて死亡したことに対してJR東海が、列車遅延などによる損害として約七二〇万円を男性の遺族である妻と長男に請求したというものである。終日の介護に当たっていた八五歳の妻がうたた寝をしていた間に男性が行方不明となり、事故はその直後に起こったとされる。長男は勤務の都合のため遠方の都市で生活していたが、介護方針などの決定には積極的に関わっていたという。

想像を絶するような介護の苦労の末に、介護者の一瞬の不注意によって高齢者の命が失われ、しかも鉄道会社という大企業が遺族に対して損害賠償を請求したというニュースは、多くの人に衝撃を与えることとなった。そして、これに対して一審（名古屋地方裁判所判決）は妻と長男に請求全額の賠償を命じ、二審（名古屋高等裁判所判決）は妻に約三六〇万円の賠償を命じていたことから、認知症患者の家族や医療・介護業界などから強い反発の声が上がっていたのである。判決を翌月に控えた二月二二日には、NPO法人日本ソーシャルワーカー協会や公益社団法人日本社会福祉士会など七団体が連名で、「一審・二審判決によって、家族が在宅で介護することを忌避し、入院や入所を促進してしまう。高齢になっても住み慣れた場所で生活する、という地域包括ケアの理念に逆行する判決を容認することはできない」との声明を発表していた。果たして三月一日、最高裁は二審判決を破棄してJR東海の請求の全部を棄却した。結果は遺族らの逆転勝訴となったのである。

今回の判決では、単に「配偶者」や「子」というだけでは監督義務を引き受けたことにはならない一方で、日常生活での関わり方などから「監督義務を引き受けたと見るべき特段の事情」がある場合は監督義務者と同様の責任を負わなければならない、との基準が示されている。この基準によると、高齢者の近くで生活していて体力的にも余裕があり、しかも実際の介護に積極的に関わっていたような場合は、監督義務を引き受けたものと認定される可能性が高くなると思われる。逆に、遠方に暮らしていて時間的にも経済的にも余裕がなく、実際の介護にも関わっていなかった場合は、責任を免れることになるかもしれない。

ところで、基準の中に登場する「引き受けた」という文言は、監督義務を引き受けるかどうかを個人の意思に委ねる趣旨が含まれているとみる余地がある。そうすると、時間的・経済的に余裕があるにもかかわらず、あえて「引き受けない」という選択をすることも許されるのだろうか。もし許されるとすれば、身内の間で「介護の押し付け合い」に拍車がかかることになるかもしれない。しかし本当の問題は、家族の全員が介護を拒否した結果、監督義務を引き受ける者が一人もいなくなった場合に明らかとなるだろう。責任能力の失われた高齢者の行動によって被害を受けた第三者は、誰に対しても責任を追及することが出来なくなってしまうからである。

監督義務者責任という制度によって生じるジレンマは、どのような社会に暮らすことを自分たちは望むのか、という問題とも関係している。統計上、八五歳の時点で約四分の一、九〇歳の時点で約半数の高齢者が認知症に罹患すると推計されている。たしかに、高齢者の行動によって損害を被った第三者は不運だったかもしれない。しかし、実際に発生するかどうか分からない損害を防止するために、認知症と診断された高齢者は常に厳重な監視下におかれ、しかもその家族は片時も監視を怠ってはならないのだとすると、国中の至る所で私的な、あるいはミクロな監獄が発生することになりかねない。高齢者の犯した過ちに対して家族に非難の矛先を向ける人は、そのような社会の実現をも歓迎するのだろうか。

5 人間の尊厳と介護を受ける人間の尊厳

介護を受ける高齢者の尊厳について

自己の身体が、その主人のために十分に働き続けることができなくなったとき、身体は手放すことすら許されない重荷となり、あるいは自己を縛り付ける拘束具ともなりうる。身体だけでなく、精神が重荷となって終日つきまとう場合もある。たとえば、日々刻々の記憶を書き留めておくことができなくなった精神は、つい先ほどあったばかりの出来事について、自己に対し虚偽の報告をしてくるかもしれない。そのような重荷とともに暮らす高齢者の尊厳は、いかにして可能となるのだろうか。

現代において、尊厳は介護のありかたを決定する諸要素のうちで最も重要なものの一つとみなされている。しかし、その意味は自明とはいい難い。まずは、わが国における介護の基本原則について、介護保険法がどのように定めているか確認してみよう。

第一条

この法律は、加齢に伴って生ずる心身の変化に起因する疾病等により要介護状態となり、入浴、排せつ、食事等の介護、機能訓練並びに看護及び療養上の管理その他の医療を要する者等について、これらの者が尊厳を保持し、その有する能力に応じ自立した日常生活を営むことができるよう、必要な保健医療サービス及び福祉サービスに係る給付を行うため、国民の共同連帯の理念に基づき介護保険制度を設け、その行う保険給付等に関して必要な事項を定め、もって国民の保健医療の向上及び福祉の増進を図ることを目的とする。

本条のいう尊厳の意味を明らかにするためには、その文言が採用されるに至った経緯を参照することが必要となるだろう。一九八二年、デンマーク福祉省・高齢者問題委員会の当時の委員長であったベント・ロル・アンデルセン（アナセン）は、介護の三原則、すなわち「生活の継続性」、「自己決定の尊重」、「残存能力の活用」を提唱した。一九九七年に成立したわが国の介護保険法は、その理念を継承したものといわれている。そこで、先ほどの法文を「介護の三原則」に対照すると、同条にいう尊厳とは、概ね「自己決定」を意味するものであることが推察される。そうすると、自己に対して介護を求める者には、正しい情報に基づいて自ら判断し、選択する機会が保障されなければならないということになるだろう。

しかし介護とは、介護を必要とする者に対してなされる他者の行為に他ならない。他者の行為において尊重される自己決定とは一体、どのようなものなのだろうか。その問題の所在を示唆するエピソードが、二〇〇八年六月三日の『テレグラフ』に掲載された。

ドイツのデュッセルドルフの、ある介護施設では、勝手に施設から出て行こうとする認知症患者への対応に悩まされていた。もう存在しない自宅や家族の所に帰ろうとして行方不明になり、警察のお世話になることもあったからである。やがて施設のスタッフは、患者たちは当てもなく歩き回っているわけではないことに気付く。たとえば、バス停の看板がある所で待てば、バスに乗って帰れると考えるのだ。そこで、患者が遠くまで行ってバス停を探さずにすむように、施設のすぐ側にバス停の看板を立ててみることにした。ただし、このバス停は偽物でありバスは来ない。偽のバス停の、患者の気持ちを落ち着かせる効果は大きかった。患者が「家で子どもたちが待っているので帰らなければ」と言ったとする。するとスタッフは、無理に止めたりせずに「そこにバス停がありますよ」といって外を指さす。患者は、これで帰ることができると思い安心してバスを待つ。待っているうちに、自分がどうしてバスに乗ろうとしたかも忘れてしまう。スタッフは様子を見計らい、「バスが遅れているようなので、中に入って待ちましょう」と声をかける。気分の落ち着いた患者はすんなりと提案を受け入れる。五分もすると、患者はそこを去ろうとしていたことも忘れる。この繰り返しだ。今ではヨーロッパ中の多くの施設が偽のバス停を立てているという。[*6]

この介護施設の患者たちは自分の意思でバスを待ち、その後スタッフの声掛けに応じ、やはり自分の意思で元の室内に戻っているようにも見える。しかし、「家に帰りたい」という希望が実現しないことは当初より明らかである。このような措置を全体としてみた場合、スタッフの対応に倫理的な問題がないことについては多くの人の同意が得られるに違いない。目的、手段、結果のいずれの点からみても、妥当なものと思われるからである。そうだとしても、患者の尊厳が損なわれていることに変

＊6　"Fake bus stop keeps Alzheimer's patients from wandering off" by Harry de Quetteville in Berlin, The Telegraph（二〇〇八年六月三日）より要約。

わりはないと言うべきなのだろうか。
理性を備えた個人に対して嘘をついてはならないと説いたカントの主張に従うのであれば、患者を守るための「優しい嘘」であったとしても、それが相手の尊厳を損なうものであることに変わりはないといえるかもしれない。[*7] 正しい情報に基づいて自ら判断し、選択する機会が奪われたことは明らかだからである。患者たちは施設から出ることを許されず、周到に管理されている。そのための合理的な手段として嘘が用いられたのである。

管理下におかれた人間の尊厳とは

少なくともわが国の法体系をみる限り、認知症患者のうちでも、特に認知機能の低下が著しい者については厳重な管理をすることが許されるだけでなく、むしろそうすることを命じていると解する余地がある。「監督義務者等の責任」について民法がどのように規定しているのか、確認してみよう。

第七一四条（責任無能力者の監督義務者等の責任）
1　（中略）責任無能力者を監督する法定の義務を負う者は、その責任無能力者が第三者に加えた損害を賠償する責任を負う。ただし、監督義務者がその義務を怠らなかったとき、又はその義務を怠らなくても損害が生ずべきであったときは、この限りでない。
2　監督義務者に代わって責任無能力者を監督する者も、前項の責任を負う。

この規定は、自らの行為の責任をわきまえることができない者が他人に損害を与えたときに、その監督にあたっていた者が責任を取らなければならない場合があることを定めたものである。先ほどの施設の事例でいうと、認知症患者が施設から抜け出した際に万一、他人の物を壊したり、他人に怪我を負わせてしまったりした場合は、施設のスタッフ等の責任が追及される可能性がある。

興味深いのは、この条文のすぐ後ろに、まるで双子のように平仄を合わせたもう一つの条文が存在することである。

第七一八条（動物の占有者等の責任）

1　動物の占有者は、その動物が他人に加えた損害を賠償する責任を負う。ただし、動物の種類及び性質に従い相当の注意をもってその管理をしたときは、この限りでない。

2　占有者に代わって動物を管理する者も、前項の責任を負う。

これらの規定を介護保険法一条とあわせて考えると、法は認知症患者を保護し、あるいは監督する者に対して、患者との関係では人間としての尊厳を保持しなければならないと命じる一方で、第三者との関係では動物の飼育者と同様の責任を課していることが読み取られる。

動物を管理するときと同様の責任を法が命じているのだとすれば、もはや患者に嘘をつく程度のこ

＊7　イマヌエル・カント『道徳形而上学の基礎づけ』中山元訳、光文社、二〇一二年

とは問題にならないのかもしれない。しかし、言葉の伝統的な用法に従うのであれば、尊厳とは人間と動物を区別する基準の一つだったはずである。そして、尊厳は自己決定とも重なり合う概念であった。したがって、自己決定ができなくなった人間の尊厳を同様の意味で捉えようとするのは危険だということがわかる。認知症患者から当然に尊厳が失われるかのような錯覚を引き起こす恐れがあるからである。そうすると、尊厳という言葉には、そこから自己決定を除いたとしても、なお残されるべき本来的な意味が必要となるだろう。たとえば、介護をする側の敬意、あるいは介護を受ける側の威厳などは、自己決定の有無によらず尊厳の一部を構成する要素となりうるのではないだろうか。

人権宣言の以前の世界における人間の尊厳

さきに引用した介護保険法一条の例をみても明らかなように、現代において尊厳という言葉は「人権」に極めて近い意味で用いられることが多い。その起点は一九四八年一二月一〇日、第三回国際連合総会に求めることが出来る。このとき採択された世界人権宣言の第一条に、「すべての人間は、生れながらにして自由であり、かつ、尊厳と権利とについて平等である。人間は、理性と良心とを授けられており、互いに同胞の精神をもって行動しなければならない」と定められたのである。このような宣言が発せられたことには理由がある。人間が自由とはいえず、平等ともいえなかった世界を否定する必要があったからである。

一九二〇年、刑法学者のカール・ビンディングと精神科医のアルフレート・ホッヘによって『生きるに値しない命を終わらせる行為の解禁』と題する小冊子が出版され、そこでは「国家のより高い人倫の立場から見る限り、おそらく疑う余地もないことだが、生きるに値しない命を無条件に扶養してきた努力は行き過ぎだった」といった議論が展開されていた。そして、このような議論は後のナチス・ドイツによる障害者等に対する安楽死政策にも受け継がれたとされている（森下&佐野 二〇二〇）。「すべての人間が尊厳と権利とについて平等である」とする思想が支配する世界は、第二次世界大戦における連合国側の勝利と、戦争中の惨禍の記憶とによって生み出された果実なのである。

では、このような思想が国際的な会議で宣言される以前の世界において、高齢者はどのように介護されていたのだろうか。一九一〇年、リルケが上梓した『マルテの手記』には、当時のパリ市民の生と死のありさまが描かれている。[*8]

……いざ死ぬにしても、それを入念に準備するだけの十分に余裕をもった富有な人々すら、だんだん物臭になり始めた。自分だけの特別な死に方をしようというような望みは、いつとなしに薄れてしまった。やがて、自分だけの死に方も、自分だけの生き方と同じように、この世の中から跡を絶つだろう。何もかもがレディー・メードになってゆく。人間はどこからかやって来て、一つの生活を見つけだす。できあいの生活。ただ人間はそのできあいの服に手を通せばいいのだ。

このような描写の後で「病院にはその施設に対応した一様な死があるだけである。」と述べたリル

＊8　ライナー・マリア・リルケ『マルテの手記』大山定一訳、新潮社、一九五三年

ケは、「昔はそうでなかったと思うのだ」と続けている。彼が対比させるのは、死期の近づいたリルケの祖父、老侍従長ブリュッゲの思い出である。

……誰彼をつかまえて話をし、容赦なく命令した。わしをかついで行けと言った。青い部屋へ行きたいと言った。サロンへ連れていけと命じた。今度は広間だと言いつけた。犬をつれてこいと言い、笑ってみろと言い、話をしろと言い、遊びごとをしてみせろと言い、みんな静かにしろと言いつけた。それをみんな一どきに言うのだった。友人に会いたいと言うかと思うと、婦人たちやすでにあの世の人となった人々の名まえをあげたりした。もう早く死んでしまいたいと言った。彼は容赦なく命令した。命令して、短気に怒鳴りつけた。

ブリュッゲが、自分の手足に代えて家人たちを使役する様子は、もはや現代の我々が知る介護の範疇に収まるものとはいい難い。これは、ブリュッゲが家人たちにとっての主人であることが、精神が身体の主人であるのと同程度に自明であったことを意味しているのかもしれない。多くの人々にとって自由と平等が自明のこととはいえなかった世界において、ブリュッゲのような人物が尊厳を保持し続けることに懸念が生じる余地はなかったのである。

それに対して、「何もかもがレディー・メードになってゆく。……ただ人間はそのできあいの服に手を通せばいいのだ」といって嘆くリルケの言葉からは、今日の我々が目にする一般的な病院や介護施設の原型が当時のパリ市内に存在していたことを窺い知ることができる。パリの一般市民たちの尊厳は、今日の我々が尊厳について問題にするのと同様の意味において、侵奪の危険にさらされていたのである。

6　おわりに――家族介護の未来

家族介護はなぜ地獄化するのか

高齢者の介護をその家族が担う場合、介護を必要とする者と介護を引き受ける者の利害は一致するだろうか。もし一致するとすれば、介護の方針が家族内の自律的な決定に委ねられるのも当然ということになるだろう。家族にとっての最善の選択は、その家族自身が一番よく知っているはずだからである。しかし実際のところ、むしろ一致しないと考えるのが自然と言うべきかもしれない。介護の必要性が増大すればするほど、通常は介護者の負担も重くなるからである。

したがって、一個の運命共同体と思われていた家族の関係が、ある時点を境にして、紛争の当事者たちのような関係に変化してゆくことがあるのは驚くに値しない。高齢者が虐待を受けずにすむかどうかは介護者の手に委ねられているのに対して、高齢者は自分の身体を人質として、相手方に向けて介護を強制することのできる地位を占めているからである。そのような緊張関係の中にあって、お互いの幸福が不安定な均衡の上に成り立っていることは明らかだろう。そうだとしても、そのような紛争状態はできるだけ早期に終結させる必要がある。これを成りゆきに任せた場合の結末は、想像しうる限りの悲惨に向けて開かれているからである。

ここで、本章の冒頭で示した架空の事例を振り返ってみることにしよう。ある日、あなたと同居する父親に介護が必要となってしまった。しかし、あなたは自分で介護を引き受けるわけにはいかないと考えている。対して父親は、あなた自身による介護を要求している。このような場合に、家族が介護を引き受けるのは当然のことだと考えてしまうのは危険である。今まさに、あなたと父親は紛争の当事者になろうとしているからである。ここで必要となるのは、自分の人生と家族の介護のどちらを放棄するのかというジレンマの袋小路に入ってしまった個人が救われるための脱出路なのである。

紛争解決と手続き保障

紛争の当事者たちが各々の主張を貫徹した場合に起こりうる破局的な事態を救済するために、当事者の双方が受け入れることのできるような、あるいは受け入れるべきであるといえるような解決案を導く方法は存在するだろうか。

経験則に照らすと、たいていの共同体には、そのような場合に対処するための方法があらかじめ用意されている。結論に至るまでのプロセスが正しいのであれば、その結論についても受け入れるべきであると考えるのである。そのようなプロセスが備えているはずの性質は、共同体によって培われた経験知の領域に属しているようにも思われる。しかし現代においては、人権が普遍性を備えた価値であると主張されることに対応して、そのような知恵についてもある種の普遍性が主張されている。そこで用いられるプロセスは理性に反するものであってはならず、とりわけ人権保障の理念と調和しなければならないからである。

そのような知恵は、様々な場面においてそれぞれの名称によって語られている。たとえば、民事訴訟の領域では「手続き保障」、刑事訴訟の領域では「法の適正手続」、政治哲学の領域では「手続き的正義」といった言葉が用いられており、それらの意味するところは相互に部分的に重なり合っている。もっとも、人権の概念を構成する文言の多くがロックをはじめとする特定の人物の言葉に遡ることができるのとは対照的に、この種の知恵が由来する共通の起源は必ずしも定かではない。一説によると、一二一五年にイングランドのジョン王が署名したとされる「マグナ・カルタ」がこれに該当するともいわれているが（渋谷 二〇一七）、さすがに後世によるこじつけの感が否めない。

手続き保障といった観念は、共同体のうちに生起する様々な紛争を解決するために培われてきた知恵の集合体とみることもできる。解決すべき問題の性質にふさわしいやり方で、慎重かつ公平に行われたプロセスは、ある程度の試行錯誤の余地も許容されるような、最善とまではいえないとしても受け入れ可能な解決へ至る道となりうるだろう。

家族を介護する個人の人権保障と家族介護の未来

一般に、医療行為の選択の場面においては、患者本人の意思が最大限に尊重されなければならないとされている。患者の身体と生命にかかわる自己決定が問題になっているからである。対して、高齢者の介護方針の選択の場合はどうだろうか。高齢者本人の自己決定が尊重されるべきであるという点で、医療と介護は同じようなものと思われがちである。しかし、意思決定にかかる利害関係人の範囲に注目すると、そこに決定的な違いを見出すことができるだろう。医療の場合は通常、患者本人の利益のみが問題となるのに対して、介護の場合は、介護を受ける側の利益に加えて、介護を引き受けざるをえなくなる家族の側の自己決定も問題になるはずだからである。高齢者の家族にも人権が保障されていることは明らかなので、そのような負担がいかなる理由によって正当化されるのかについて説明が必要になるのである。

まず、高齢者に介護が必要となるよりもずっと以前から、家族の中で将来の介護について十分な話し合いがなされてきたのであれば、家族としても納得の上で介護を引き受けることができるに違いない。

しかし、たいていの家族では、まるで予想外の災害に見舞われたときのように、ある日突然、介護という問題に遭遇することになる。そのような場合でも、家族の中に強い信頼関係があって、介護の負担も軽いものにとどまるのであれば、いずれにせよ適切な意思決定が期待できるかもしれない。

反対に、家族の信頼関係が強固とまではいえず、あるいは介護の負担が重いものとなってしまう場合は、もはや家族を一個の運命共同体とみることはできず、むしろ利害が一致するとは限らない個人の集合体として把握せざるをえなくなる。したがって、そこで下された意思決定に対しては、結論の公平性に加え、結論に至るプロセスの妥当性についても、慎重な評価が必要となるだろう。正当な理由なく特定の個人に不利益が集中することは正義に反するからであり、結論に至るプロセスに看過できないほどの不適切さがあったとすれば、そのような意思決定は尊重に値しないからである。

意思決定のプロセスが適切なものだったといえるかどうかは、介護を求める者と介護を引き受けざるをえなくなる者が意見を出し合い、十分な話し合いを経た上で、公平な結論が下されたか否かにかかっているといえる。そして、家族内の不信や対立が著しく、紛争の当事者のような関係に至っているのであれば、調停手続や民事訴訟などの例に倣い、家族外の第三者が中立的な立場で話し合いに関与するとともに、問題の解決を第三者の裁定に委ねるべき場合を想定する必要がある。経験則によると、そのようなプロセスこそが公平な判断の基礎となりうるからである。この点に関して、適正な手続きによって紛争の解決が得られることは、すべての個人が保障されるべき権利とみることもできるだろう。

家族介護は、これからも複雑で困難な問題として生起するに違いない。しかし、それらを意思決定のプロセスに関する問題として把握することには大きな利点がある。プロセスの改善という課題は、未来にわたる経験知の集積に向けて開かれているからである。

＊　＊　＊

【読書ガイド】

・ジョン・ロック『市民政府論』角田安正訳、光文社古典新訳文庫、二〇一一年〔解題〕一七世紀に生きたひとりの人物が、自然権（人権）の観念や社会契約の理論を主張し、その後の世界が現在のような姿になったという事実は、驚嘆に値する。前近代と近代の分岐点に立って、近代という方向に人々を呼び込んできた案内人がロックだったのである。

・トマス・ホッブズ『リヴァイアサン』全二巻、角田安正訳、光文社古典新訳文庫、二〇一四年〔解題〕個人が先か、共同体が先か。人間を人間たらしめるのは、道徳が支配する共同体だと考える後者の立場は、アリストテレス以来、政治哲学上の通説であり続けた。それに異を唱えたのがホッブズである。彼が描き出したのは、個人の利害によって離合集散しうる、不安と緊張に満ちた世界の姿だった。その出発点となった「自由で独立した個人」という観念はロックによって継承され、現代に生きる多くの人々の思考を支配するに至っている。

・エヴァ・フェダー・キテイ『愛の労働あるいは依存とケアの正義論』岡野八代、牟田和恵訳、白澤社、二〇一〇年〔解題〕他者をケアする人々が搾取される社会は、人々が子どもや年老いた親を見捨てて競争に明け暮れる社会と同じく、公正なものとはいえない。重い障害を持つ娘と暮らしてきたキテイが追求するのは、本来的に脆弱な存在である人間どうしの依存を包摂し、つながりに基づく平等が達成されるような正義の理論である。

第2章 生殖技術がつくり出す多様な家族
――後期近代における血縁と親密圏の再編成

人間は、雌雄の有性生殖を行う種であり、これまでもっぱら、自然生殖によって次世代の再生産を行ってきた。自然生殖とは、男女間で性行為が行われることで、女性の胎内で受精が起こり、受精卵が子宮に着床した後は、数カ月の妊娠期間を経て出産へと至るプロセスのことである。

太古の昔から行われてきたこの生殖プロセスを大きく変えたのが、生殖技術である。たとえば、失敗率が限りなく低い避妊技術の開発によって、人々は妊娠の心配をすることなく性を謳歌できるようになった[*1]。人工授精によって、女性は、夫以外の男性の子を性行為なしで妊娠出産できるようになり、体外受精技術によって、体外（*in vitro*）で受精卵をつくることができるようなった。これらの生殖技術（＝人工生殖）によって、性と生殖は切り離された。

人工生殖によって、人間の生殖のあり方が根本的に変容してしまうのではないかという展望が生ま

＊1　精巣結索術（パイプカット）が臨床応用されたのは一八八〇年代、プロゲステロンとエストロゲンの組み合わせで避妊効果を発揮する高用量ピルが開発されたのが一九六〇年代、副作用が低減された低用量ピルが開発されたのが九〇年代である。

れ、生殖革命と呼ばれた。体外に取り出した第三者の精子と卵子、受精卵を使って妊娠出産することも行われるようになり、親が「育ての親」「遺伝上の親」「産みの親」に分かれた。これは、「第三者が関わる生殖技術」（＝以下「第三者」）と呼ばれ、本章で中心的に論じる。

精子・卵子・受精卵の提供、代理出産などの「第三者」は、世界中で商業化されている。生殖ビジネスが広がり、経済的に脆弱な人々が金銭的対価と引き換えにドナーや代理母になっている（日比野二〇一五）。「第三者」に関し、社会格差に基づく他者の身体利用や搾取の問題があることが指摘され、倫理的に容認できるか否か、という視点から多数の議論が行われてきた（荻野 二〇〇九、二〇一五、Lahl, et al. 2009、日本学術会議生殖補助医療の在り方検討委員会 二〇〇八）。一方、こうした生殖が、これまでにない多様な家族や親子関係を生じさせるのではないか、それはどのようなものか、という視点からも、議論が行われてきた（上杉 二〇一四）。

ここで、多様な家族の対極に置かれているのが、「標準的な家族」（＝普通の家族）である。標準的な家族とは、自然生殖の延長に子育てがあるような家族である。すなわち、男女のカップルが性交によって子供をもうけ、妊娠出産した女性が母親として授乳や子育てに関わり、父親がそれを直接・間接にサポートするような形態である。ここで、協力して子育てに関わる父親と母親は、子供と遺伝的・生物学的に繋がっていることが当然視されている。おそらく、多くの現代人にとって「普通の家族」のイメージとはこのようなものであろう。この形から外れた生殖や子育てのあり方は、本来のあり方からは外れた、変則的なものとして扱われる。

自然生殖を核に形成される家族は、近代家族という概念にも引き継がれている。近代家族とは、近代化、産業化に適した家族形態であり、公私の分離、ロマンティック・ラブや男女の性別役割規範、母性神話、子ども中心などの要素を特徴としている（千田 二〇一一）。この近代家族概念のコアには、核家族がある。核家族とは、情愛で結ばれた男女カップルとその子どもから形成されるユニットであり、夫婦の愛の結晶として、子どもは不可欠の存在である。親子の情愛（親密性）の基盤には、血縁関係がある（田間 二〇〇一）[*2]。核家族は、もっとも原初的、基本的な家族の在り方としてプロトタイプの役割[*3]を果たしている。

先進工業国では、近代化の徹底化としての後期近代、あるいは近代の終焉としてのポスト近代を迎えていると指摘されて久しい。それに伴い、近代化を下支えしてきた近代家族が揺らいでいるとされる。多くの先進国で晩婚化・晩産化が進み、出生率が低下している。日本もその例外ではない。日本では長期に渡る経済停滞から生涯独身率も高まっている。高度成長期に見られたようなサラリーマンの夫と専業主婦が性別役割分業で家庭を営み、一人か二人の子供を産み育てる、典型的な近代家族を実際にみかけることは以前よりはるかに少なくなっている。そして、ひとり親・再婚家庭、（不妊治療を経て）里子や養子を迎えた家族、提供精子で子供を持つ夫婦、子育てをする同性カップルなど、非典型的な家族の存在が可視化されてきている（大塚 二〇二〇）。生殖技術は、こうした非典型的な家族を作り出すのに一定の役割を果たしているとみなされている。

＊2　田間は、近代家族の構成要素として、実子主義を指摘している。
＊3　社会人類学者のマードックが、普遍的な家族形態として核家族（nuclear family）を指摘したことはよく知られている。

筆者は、「第三者」によって親になった人々や、「第三者」からの出生者らに対しインタビューを行ってきた。[*4] 家族という親密圏の内部で、テリング（＝真実告知）という実践がどのような役割を果たしているかを考察した。家族の境界をめぐって、親、出生者、エージェント、専門家など複数のアクターが関与し、さまざまな言説が生産されていること、複雑なポリティクスや交渉過程が存在し、ポスト近代家族へと単線的な変化が生じているわけではないことを指摘した（日比野 二〇二二）。

生殖技術によって形成される家族においては、常に近代家族から多様な家族へという一方向の変化が生じている訳ではない。本章では、このような仮定のもと、まず、「第三者」を取り巻く社会と法制度を概説する。次に、近年の動向として、テリングや商業的遺伝子検査がどのような役割を果たしているかを述べる。そして、筆者が得たインタビューのテクストを用いて、家族の親密圏にどのような変容が生じているのか、「第三者」のユーザである依頼親（育ての親）と、「第三者」によって出生した子ども（＝出生者）の立場から検討する。後半では、ポスト「第三者」、すなわち「第三者」以外の方法として、現在研究開発され臨床応用がなされつつある新しい生殖テクノロジーについて、それがどのような家族や社会を構想するものであるかについて考察し、総括する。

1　生殖技術を取り巻く法制度と社会

英国で世界初の体外受精が成功を収めたのは一九七八年のことであり、翌年には女児が誕生した。日本でこの技術が初成功を収めたのは一九八三年のことである。人の受精卵を体外で操作する技術の登場は、賛否両論を呼び、世界中から脚光を浴びたが、男性不妊のカップルに対する非配偶者間人工授精（＝精子提供）は、それより数十年も前から秘密裡に行われていた。

日本でも非配偶者間人工授精は、慶應義塾大学病院を始め、複数の施設で行われていた。精子ドナーは匿名であり、精子提供を受けたカップルに対しては、この事実を子供にも周囲にも秘密にすることが推奨された。子供は、育ての父親との間に遺伝的関係はないものの、精子提供の事実を口外しなければカップルの嫡出子として扱われ、通常の市民生活を営むことができた。このようにして、日本では少なくとも数万人以上の子供が誕生しているといわれている。

一方、卵子提供を行うためには、体外受精という高度な技術が必要になる。卵子ドナーから複数の卵子を採取して受精卵をつくり、それをレシピエントの女性に移植する。このとき、卵子ドナーは排卵誘発剤の投与や採卵に伴う身体的負担やリスクを負うことになる。このため、卵子提供について各国で議論が行われ、一部の国では法整備がなされた。一般に、ドナー数を確保するため、謝礼や補償という名目で卵子ドナーに対して金銭を支払うことが慣例的に行われている。

代理出産には、人工授精や精子・卵子提供を組み合わせることで、さまざまなバリエーションが存在する。体外受精を用いて依頼者の精子と卵子から受精卵をつくり、それを第三者の女性の子宮に移

＊4　本章で引用しているものは、筆者が対面またはビデオ会議でインタビューを行ったものである。インタビューの要約は、筆者のホームページ（'YURI HIBINO LABORATORY'）や、報告書に収められている。『生殖テクノロジーとヘルスケアを考える研究会報告書Ⅸ　インタビュー集』二〇二三年三月、『生殖テクノロジーとヘルスケアを考える研究会報告書Ⅹ　インタビュー集』二〇二四年三月。

植するだけではなく、性交渉や人工授精を用いることも可能である。さらには、第三者の精子と卵子から受精卵をつくり、それを代理母に移植する方法も、実例は少ないが存在する。一般に、代理母と子供の間に遺伝的関係が生じるやり方はアタッチメントが生じるため、望ましくないと考えられている。世界では代理出産を容認している国と禁止している国とが混在している。代理出産を行うためには、代理母に大きな負担を強いることになることがあるほか、倫理的に検討すべき事柄が多く、長年、議論がなされてきているが、日本において法的枠組みは存在しない。これまで、専門学会の会告に反して、代理出産を実施したことを公表した医師がいるのみである。こうしたことから、代理出産を希望する日本人依頼者の多くが海外に渡航して実施しているのが実情である。

受精卵提供もある。日本では公式に実施された事例は報告されていない。海外では、受精卵の養子（embryo adoption）と呼ばれ、体外受精で余った受精卵を廃棄や研究利用という運命から救い出すために、受精卵の提供を受けて妊娠出産することを推奨している宗教系の団体もある。通常の養子の場合は、出生後に初めて子供との関わりを持つことになるが、受精卵提供では、妊娠出産の段階から子供の養育に関わることができる。ただ、依頼親と子供の間に遺伝的関係が生じないこともあり、精子や卵子の提供よりも実施数は少ない。

日本で「第三者」に関わる法的枠組みが大きく動いたのは二〇二〇年の民法特例法（「生殖補助医療の提供等及びこれにより出生した子の親子関係に関する民法の特例に関する法律」）による。特例法では、行為規範には言及していないものの、精子・卵子提供の場合の親子関係を明文化し、子供に安定した法的地位を与えたことには一定の意義がある。

生殖補助医療や「第三者」に関する日本の法的枠組みや社会の受容度は、しばしば海外（西側諸国）に比べると遅れていると評される。生殖補助医療に関して法整備が進んでいる国々では、生殖技術を使った家族形成は社会的にも認知されている。当事者もオープンに語り、スティグマも少ないと考えられている。日本では特定の家族像から逸脱したものとされ、秘密にされる傾向が強かったものの、近年、その状況に変化が見られる。日本でも「第三者」による家族形成が少しずつ可視化されるようになってきており、海外で先行していた動きは国内にも確実に波及してきている。

2　第三者が関わる生殖技術と家族

「第三者」の登場によって、「遺伝上の親」「産みの親」「育ての親」の分離が生じ、「血縁主義と親子の単一性」（渡辺 二〇一五）からは捉えきれない複雑性や多様性が家族に生じていることが指摘されてきた。「血縁主義と親子の単一性」とは、血縁があるのが親子関係であり、子供にとって親は一組の男女カップルのみであるという考えである。普遍的と思われたこの形をラディカルに変えたのが、「第三者」である。

これにより、「生殖技術は家族をどのように変えるのか？」という問題設定がなされた。「多元的親子関係」「相互浸透的家族」などの概念によって、異性愛核家族の枠には収まりきらない多様な形態が生じていることが指摘された（上杉 二〇一四）。多元的親子関係とは、親が複数化するようにみえる現象（＝〝育ての親〟と〝遺伝的親〟）のことであり、相互浸透的家族とは複数の家族が重なり合っているようにみえる現象（＝レシピエント家族とドナー家族の境界が曖昧化する）のことである。

「第三者」によって形成される家族は、異性愛中心主義や血縁関係に閉じない、オープンで多様な家族という観点からも取り上げられている。そこでは、親から子へのテリングが行われ、ドナーや代理母、またその家族メンバーとの交流が活発に行われているとされる。そして、こうした第三者の存在を組み込んだ家族形成が望ましいとされた（二宮 二〇二二）。外部に対して閉じた近代家族から、オープンで多様な家族への変化を支持する観点は、近代家族の固定的な性別役割や異性愛中心主義、母性神話が女性（や男性）にもたらす閉塞性や抑圧性が問題視されてきた（落合 二〇二二）ことと無関係ではない。

生殖技術と家族の間には「近代家族に固執すればするほど、近代家族を超えていく実践に向かっていく」（和泉 二〇一五）というパラドキシカルな関係性があることも指摘されている。精子提供は、「第三者」のうち、最も早くから匿名でおこなわれてきた（仙波 二〇一七、Elaine 1995）[*5]が、それは、男性不妊を隠蔽し、〝普通の家族〟を擬制するためであった（由井 二〇一五）。しかし、現在では、顕微授精など男性不妊に対する治療法が発達してきたこともあり、男女カップルよりも、シングル女性やレズビアンカップルなどが精子提供の主なユーザーとなっている。当初の導入意図とは打って変わって、〝普通の家族〟とは全く異なるライフスタイルを作り出すことに利用されている。

非配偶者間人工授精（＝精子提供）が実施され、数十年が経過し、成人した出生者からは、「出自を知る権利」（＝遺伝的父母を知る権利）が唱えられるようになってきている。こうした出自を知る権利の訴求には、遺伝子本質主義とも言える血縁志向の強まりも窺える。「第三者」から派生した血縁主義への収斂は、近代家族から多様な家族へという、一義的、一方向では捉えられない現象である（野辺 二〇一八）。血縁が重視され、実子を得ることが不可避である社会では、不妊はスティグマであり、そのために人々は不妊治療に取り込まれ、最終的な解決策として、第三者を生殖に招き入れることをも容認するのである。[*6] このように、生殖技術と家族の関係を分析する際は、「生殖技術は家族をどのように変えるのか？」という視点だけでなく、「家族は生殖技術を通してどのように維持・再生産されているか？」という視点も必要になる。

3 匿名性から「出自を知る権利」の承認へ

近年、「第三者」において、遺伝的・生物学的に子供の誕生に関わった第三者の存在をオープンに

＊5 一八八四年、米国で夫婦の同意なく精子提供が実施され、妻の妊娠後、夫に対してのみ生まれてくる子供が提供精子によるものだと告げられた。妻は生涯、夫の子供だと信じていた（仙波 二〇一七、Elaine 1995）。これは、医師の関与のもとで行われた例であるが、それ以前から夫の不妊を隠蔽するための第三者の関与は、様々な方法によって行われてきただろう。

＊6 生殖技術の利用が家族の多様性を促進しているとする論点は、特定の文脈から出てきたものである。むしろ固定化する役割を果たしている場合もある。たとえば、その一つとして中東地域（ムスリム圏）がある。一般に、これらの地域では、生殖技術が家族を変容させるというよりはむしろ、既存の家族の価値観との調和が重視されたり（Tremayene 2012）、その再生産や維持のために利用されているという側面がある（Clarke 2009）。

すべきという考えが、政治的・社会的に力強い潮流を形成している。

その一つの契機となったのが、「第三者」によって生まれた人々による、出自を知る権利の主張であった。彼/彼女らは、偶然その事実を知ったことで、ネガティブな経験をし、遺伝的親を知りたいという強い要求を持っている（非配偶者間人工授精で生まれた人の自助グループ・長沖暁子 二〇一四、ディングル 二〇二一、大野 二〇二二）。

二つ目は、商業的遺伝子検査の普及である。世界の一部の地域では、祖先や体質を知るための遺伝子検査が流行している。これを利用してドナーやドナーきょうだいを発見する人が続出した（仙波二〇一七、Herper et al. 2016）。SNSの交流サイトには、出生者とドナーやドナーきょうだいたちが（海を超えて）結びつき、多数のネットワークを形成している。そして、後述するように、遺伝的つながりが情緒的結びつきや親密性の感覚を生み出している（日比野 二〇二二）。

三つ目は、異性愛カップル以外の人々による家族形成である。生殖補助医療は、元々は男女カップルに対する不妊治療として開発されたが、現在は、子供を持つ手段の一つとして活用されている（日比野 二〇二〇）。男女カップル以外の親は、第三者が関与した事実を隠すことが難しい。そのため、子供にドナー・代理母の存在を明らかにした上で、家族ぐるみの交流を持つ人もいることが指摘された。

以上のように、第三者の存在が可視化された結果、第三者を組み込んだ関係性は、ランダムな家族（Hertz 2018）、パッチワーク家族（ベック 二〇一四）、グローバルな世界家族（ベック 二〇一四）などと形容され、親密圏に変容をもたらしている。

第一グループ：秘密に覆われた時代。匿名の精子ドナーから生まれた人たち。成人後に事実を知り、ネガティブな経験をしている人もいる。

第二グループ：第一グループの問題提起を受け、制度や意識に変化が生じてきた。テリングが推奨されるように。一部の国で出自を知る権利が認められ、成人後、ドナーの情報にアクセスする権利をもつ人も出現。

第三グループ：LGBTQの人々が「第三者」を利用して家族を形成。親はその事実をオープンにしている。子供たちもテリングを受け、その事実を人生の早い時期から知っている。

第四グループ：自宅でできる遺伝子検査の普及により、事実上、匿名制度は持続不可能になった。遺伝子検査を利用してドナーやドナーきょうだいを見つけて交流する人も出現。

図１　第三者が関わる生殖技術によって生まれた人々〈およその時代背景と当事者の経験による分類〉

こうした時代の大きな地殻変動を受け、既にいくつかの国でドナーを非匿名化する法整備が行われた。[*7] 出生者からの痛切な訴えを受け、現在、専門家の間では、子供がアイデンティティを最初から真実に基づいて構築するため、できるだけ幼い頃から伝えることが望ましいとされている。そして、この考えに基づいて、「第三者」によって親になる人々に対しては、研究者や専門家、カウンセラーなどによって、テリングが強力に推奨されるようになってきている。

このように、この数十年で、「第三者」をめぐる外部環境が、秘密から、オープンへと、真逆の転換を遂げたことになる（図１）。第三者の匿名原則が崩れたことにより、テリングの重要性が全景化した。そして、子供が真実を知ることを前提に、ドナーや代理母をどのような存在として位置づけるかが課題になった。匿名性が前提としていたのは遺伝的父母とその子供から構成される核家族を擬制することであるが、真実に重きが置かれるようになった現在、テリングをする・しない、家族をどのように作り上げていくかは、親の決定に委ねられている。[*7]

4 テリング——嘘のない真実の親子関係に向けて[*8]

現在、「第三者」で親になろうとする人々／なった人々は、テリングを強力に推奨する言説に取り囲まれている。依頼親は、「第三者」に成功して親になった暁には、テリングに対してどう対峙するかの意思決定が求められる。

親にとって、テリングは躊躇や恐れを抱かせるものである（Kirkman 2003）。テリングを敢行することで、子供に「本当の親は他にいる」などと思わせてしまう可能性があるからである。できるだけ黙っていたいという気持ちが生じる。ＬＧＢＴＱなどの非典型的家族にとって、テリングがほぼ不可欠であるのに対して、男女カップルの場合、テリングをしない人々も一定数いる（Golombok 2004, 2006）。男女カップルの場合、事前にどうするかを明確には決めていないことも多い。そして、テリングをすると公言していても、実際には実行には移されないことも多々ある（Zadeh 2016）。

テリングを敢行するつもりだとしても、まだ幼いわが子にどう説明するか、経験がないため、戸惑う親も少なくない。このため、子供に読み聞かせるための絵本が多数、発行されている。さまざまな当事者を想定し、ストーリーが組み立てられている。

その内容は、要約すると次のようなものである。子供を切望する親がいる。しかし、そのための種がない、あるいはお腹に問題を抱えて困っている親のもとに、医師からのアドバイスがもたらされる。そして、どこからか〝親切な人〟が現れて、助けてくれた。親は彼／彼女に対してとても感謝した、という筋立てである。そこでは、子供に語りかける内容として、親にとっていかに待ち望んでいた子供であるか、〝特別な子供〟であるか、ということが強調される。

親にとってのテリングの意味と家族の境界

親にとってテリングの実践はどのような意味を持つのだろうか。テリングを敢行しようとする／敢行した親にとって、家族の境界はどのように引かれているのだろうか。[*9]

＊7　一九八四年スウェーデンを皮切りに、オーストリア、フィンランド、アイスランド、オランダ、スイス、英国、ニュージーランド、オーストラリア（ニューサウスウェールズ州、ビクトリア州、西オーストラリア州）で出自を知る権利が法制度化された。ドナーの個人情報（個人を特定できない情報／個人を特定できる情報）について、子供が成人後、公的機関やクリニックに問い合わせをすれば開示される。親やドナーきょうだいなど関係する当事者のすべてが情報を請求できる権利が付与されている国もある。情報を請求するために、子供は事実を知っていることが前提だが、テリングについては義務化されていない。こうした先進的な事例がしばしば引き合いに出されることで、世界の潮流は、子供の権利を認め、匿名性の廃止に向かっているとされるが、実際には匿名を容認する国はもっと多い。

＊8　日比野（二〇二二）も参照。

＊9　「第三者」による出生者とテリングを取り巻く環境は半世紀の間に大きく変化を遂げ、「秘密」一辺倒だった時代に比べ、複雑さを増している。たとえば、法制度の有無や親の考え方によって、知る権利に格差が生じている。遺伝子検査は匿名性の壁を乗り越える方法のひとつだが、プライバシーの問題もある。

（1）倫理的望ましさ

テリングは、嘘のない真実の親子関係を築くのに必須だとされており、親が子に対してすべき、倫理的に望ましい行為だとされている。

（2）自己防衛

仮にテリングがなされず、子供が偶然その事実を知ったとき、強い衝撃を受け、親子関係に亀裂が生じる可能性がある。そして、育ての親に代わって、ドナーや代理母が子供にとって〝本当の親〟として現れる危険性が高まる。昨今、手軽に利用できる遺伝子検査の普及により、真実が知られてしまうリスクは思いのほか高い。そうであれば、予め伝えているおくことで、子供から非難される可能性を排除しておくことができる。

（3）愛情表現

テリングは、親から子への愛情表現となりうる。親は、いかに子供を熱望していたか、生まれてきてくれて嬉しかったかというストーリーを繰り返し子供に語りかけることが推奨される。子供は、自分が一般的な生殖とは異なる方法で生まれてきたことを知るだけでなく、そうであるが故に、親から特別な愛情を受ける存在（＝自分は〝特別な存在〟）だと理解するようになる。そして、親は、テリングを通して愛情表現をすることで、遺伝的関係がなくとも親子・家族であるというメッセージを子供に送ることができる。そして、それに成功すれば、差別や偏見がはびこる外部社会に対する家族の結束を強めることもできる。

(4) 承認

「第三者」で親になった人々のうち、リーダー格の人物は、自助グループを結成することがある。現在、親になった人のための自助グループが世界各地にある。こうしたグループのほとんどが、テリングを敢行した親によって結成され、仲間にもテリングを推奨している。テリングを支持するカウンセラーなどの専門家が、運営を手助けしていることもある。こうしたグループを主催し、あるいはメンバーとして参加し、テリングに成功したと評価されれば、承認欲求を満たすこともできる。また実際に、グループによる活動の一貫として、社会への啓発活動を行うことで、差別や偏見をなくし、脱スティグマ化を図ることができる。

(5) 家族の境界の維持

テリングでは、ドナーや代理母という第三者が関与したことが明らかにされる。しかし彼/彼女らが「父親」や「母親」として言及されることはまずない。彼/彼女らは、利他精神に溢れた〝親切な人〟であることが強調される。親の立場からテリングを行うことで、ドナーや代理母を家族の〈外部〉に位置づけることができる。その結果、たとえドナーや代理母との交流が行われたとしても、家族の境界が揺るがされる心配はなくなる。

以下の引用は、精子提供を受けて娘三人の親となり、親のための自助グループを運営しているカナダ人男性によるものである。

娘が三人いるが、自分の経験では、どの子もドナーには興味がないようだ。それは多分、ドナーのことを隠し立てしたり、秘密のように扱ったりしていないからだと思う。知りたければドナーファイルが家に置いてあるからいつでも見られる。そこには、謎も秘密もない。不快な気持ちもない。自分と妻が家族を作るために利用した方法は、子供達の権利と自由を尊重したものだと思っている。（精子提供で父親になった男性、カナダ、二〇一一）

男性は、テリングしたことに満足しているという。ドナーのファイルはリビングに置いてあり、誰もがいつでも見ることができる。娘たちには一切の隠し立てをしていないと自負している。彼にとって、精子提供は、単なる医学的事実である。それ以上でもそれ以下でもない。親の立場から見たテリングの成功とは、おそらくは、子供が自分の出自について思い悩んだりせず、ドナーに対しても過度に興味関心を持つことがない状態のことなのだろう。逆に言えば、子供がそのような状態であるとき、親は自分の選択が正しかったのだと確信を持つことができる。

子供にとってのテリングの意味と家族の境界[*10]

「第三者」のユーザーである親と、それによってこの世に招かれた子供の立場は大きく異なっている（日比野 二〇二二）。親にとってそれは、自らの意思で主体的に選び取ったライフスタイルである。最近では、「第三者」で親になったことや、家族の日常生活をSNSなどで積極的に発信する人もいる。特に、高額な代理出産を依頼できることはある種の階層性の表示となる。「第三者」に対する差別や偏見は依然として根強いが、「第三者」によって家族形成をした人々の数は既に一定数に達しており、コミュニティからのサポートもある。また、エージェントやクリニック、そのプロセスに関与した専門家らも、彼／彼女らの選択を支持する利害関係者となる。[*11]

つまり、親にとって「第三者」による家族形成は、後天的に獲得したライフスタイルであり、テリングをするか・しないかを自由に選択でき、望めばその事象からは一定の距離を置くことができる。一方、子供の側は、「第三者」によって出生することを自らの意思で選択することはできない（もちろんこれは、「第三者」に限ったことではない。大部分の子供たちは、親が設定した条件の元で生きていくことを余儀なくされているのだが）。とりわけ、「第三者」を選んだほとんどの親は、自らは自然生殖によって出生しているはずである。一方、「第三者」からの出生者は、遺伝学的知識が普及した現代社会では、その事実が自らの〝身体〟に刻み込まれていることになるため、事実から距離を取ることがはるかに難しい（日比野 二〇二二）。このように、親と子の立場には大きな落差がある。

＊10 出生者の語りのコンテクストは、アクティビズム、カンファレンス、自己表現、啓発、癒しと回復などさまざまであり一様ではない。近年、YouTube や Podcast、Spotify などで自身の経験を語る出生者が増えている。遺伝子検査の普及が彼／彼女らに新しい経験をもたらしていることと無関係ではないだろう。

＊11 こうした人々の多くが、高学歴であり、社会に対して一定の影響力を持つことを指摘できる。

ドナーを見つけることは自分にとって人生の穴を埋めるようなものだった。今はドナーに会えたので、自分の外見、特徴、興味、態度がどこから来ているかを確認できる（もう三〇年来求めていたことだ）。この認識（またはその欠如）がいかに深くその人に影響を与えているか、説明するのかが難しい。ドナーに会えてから、自分の人生に集中でき、穏やかになった。（精子提供で生まれた四〇代男性、オーストラリア、二〇二二）

精子提供で生まれたこの男性は、ドナーを三〇年もの間、探し求め、最近、遺伝子検査でやっとドナーに辿り着くことができ、初めて穏やかな気持ちになれたという。それは、これまでの人生の大部分を占めるほど長く苦しい旅であった。一方、親は、ドナーがどこの誰であるかがわからなくとも、おそらく、それほど苦しむことはないだろう。このように、親と子の立場は、同じ家族の一員だとしても、大きく異なっている。

（1）テリングを受けていない

秘密にすることが当然視されていた時代に出生した人々のうち、圧倒的大多数は、テリングを受けていない。親はその事実を墓場まで持っていく覚悟で「第三者」を利用し、医師もそれを勧めた。周囲の大人が黙っていれば、彼／彼女は、何も知らないまま生涯を終えることになるだろう。しかし、人生の途中で、突発的に事実を知らされる人もいる。

この時の経験は、非常にネガティブなものとして語られるのが普通である。今までのアイデンティティが崩壊してしまうほどの強いショック、親から裏切られたという感覚、自分の苦悩に対する親の無理解への怒りと失望。こうした技術を提供した医師に対しても強い怒りが向けられる。真実を知った途端、遺伝的つながりがない親に対して、赤の他人だと感じるようになる人もいる。[*12] ドナーを知りたいという強い欲求が生じ、さまざまな形で探索を試みる人もいる。また、ドナーの病歴情報がなく、健康面で不安を感じたり、近親婚を恐れて異性との交際に積極的になれない、など医学に起因する側面でも欠如を抱えることになる（非配偶者間人工授精で生まれた人の自助グループ・長沖暁子 二〇一四、ディングル 二〇二一、大野 二〇二二）。

（2）テリングを受けた

テリングを受けないで成長し、人生の途中で否応なしに知らされた人は、少なからずダメージを被ることがわかっている。では事前にテリングをすればすべてがうまくいくのだろうか。親からテリングを受けた出生者は、そのことについてどのように感じているのだろうか。二人の当事者による、（対照的な）語りを紹介する。

＊12　ある出生者は、顔の半分をぼかした自身の写真を提示することで、精子ドナーを見つけられないが（＝自分の半分がわからない）ことの苦悩を示している。‘we are donor conceived.’（https://www.wearedonorconceived.com/qa/damian-adams-qa/）

【テリングをきっかけに深刻に思い悩むように】

一一歳の時、両親から精子提供のことを聞かされた。とてもショックでそのとき、何も話せなかった。その後、両親とこの話をしたことはない。弟ともこの事については一切話したことがない（弟は別のドナーから出生）。このことについて一〇年あまり考えつづけていて、やっと一年前からグループで自分の経験を話すようになった。ドナーについては是非とも知りたいと思っている。法律で、ドナーを特定しない情報を得ることができる。親が病院に申請すれば、もう少し色々情報が貰えるのかもしれないが、やっていない。理由は、両親にドナーの情報が欲しいと言えていないから。父親はドナーの情報が知りたかったら協力すると言ってくれた。しかし、父親を傷つけるのではないかと思い言い出せていない。（精子提供で生まれた二四歳男性、オーストラリア、二〇一五）

テリングされたことをきっかけに、出自について深く悩み、親にも兄弟にも相談できないまま、一〇年が経過した。ドナーに対する強い興味関心がある。

テリングを受けたことで子供は傷つき、深刻に思い悩んでいるが、親はそのことを知らない。[*13] それどころか、テリングがうまくいき、子供たちは思い悩むことなく日々を過ごしていると思い込んでいる可能性すらある。

一方、テリングを受けた結果、この事実にうまく適応する出生者もいる。

【ドナーに会いたいとか、ドナーについて知りたいとか思わない】

子供の時から精子提供で生まれたことを自慢に思っていた。両親がいかに子供を熱望していて、そのためにたくさんの時間と労力を割いてきたかを知っているから。だから自分は他の子供たちよりも特別だといつも感じていた。

ドナーに会いたいとは思わない。匿名のドナーでも満足している。ドナーに対しては、折に触れてありがとうと心の中で伝えている。そして彼が自分の存在を思い煩わないように願っている。ドナーに会いたいとか、ドナーについて知りたいとか思わない。

一〇代の頃、父親と口論したとき、〝あなたは私のお父さんじゃない〟という思いが浮かんだが、実際に言ったことはない。言えばその言葉を取り消すことができないことを知っていたから。それは言うまいと決意した。（精子提供で生まれた二六歳女性、デンマーク、二〇二二）

幼い頃からテリングを受け、そのことに満足している。ドナーには全く関心がないし、会いたいとも思わない。その上、彼女は、匿名ドナーの立場を思いやる発言もしている。一方、父親とのコミュニケーションの中では、遺伝的父親（ドナー）が別にいるという事実をあらわにするような会話は避けられている。それは父親を傷つけ、父親との関係に亀裂を生じる可能性があるからである。

＊13　この事例は、思春期に差し掛かるころに一度だけテリングを受けており、望ましいとされるテリングの型（できるだけ幼い時期から・繰り返し伝えること）から外れていることから、失敗につながったと解釈することもできる。

親がきちんとテリングをすることにより、子供は安心し、特段ドナーに関心が湧かないという解釈がある（石原 二〇一〇）。しかし、別の解釈も可能である。ドナーに対して過剰な興味や愛着を持って欲しくないという親の本音があり、子供がそれを汲み取っている可能性である。

彼女の語りは、親の側から見て、テリングの理想的な到達点といえるだろう。彼女にとって、匿名ドナーをあえて探索する行動にはかなりのリスクが伴う。[*14] 親から愛されているという物語の中にいるほうが（今は）安全なのかもしれない。

5 非異性愛カップルによる家族形成——ゲイカップルによる代理出産と子育て

世界的に同性婚を認める国が増えており、それに伴って同性カップルの間で家族を作ることへの欲望が高まっている。差別や排除を経験してきた彼／彼女らにとって、家族を作ることは自らにとって安全な場所を作り、また、一人前の市民として国家や社会から認められる方法でもある。

既に代理出産の依頼者の相当な割合をゲイカップルが占めている。ゲイカップルの親は、ゲイであるというセクシュアリティ、代理出産で親になったということ、男親が子育てするということなど、複数のマイノリティ性を抱えている。

ゲイカップルの場合、不妊に由来する苦悩や葛藤を抱えていない。また、卵子ドナーと代理母の双方を必要とする。ダブルインカムで所得が高い人々も少なくないため、業界からみて有望な顧客（Jacobson 2018）である。生殖ビジネスの世界では、ゲイフレンドリーを謳う代理出産エージェントが軒を並べている。

ゲイカップルの場合、代理出産を依頼しても、どちらか一方しか子供の遺伝的父親にはなれない（親族の女性に卵子ドナーや代理母を依頼することは可能である）。どちらが遺伝的父親になるかについて、どちらが医学的により適切なのか、どちらが切実に遺伝的繋がりを欲しているかなど、話し合いで決められるが、二人以上の子供を持つ場合は、それぞれの遺伝的子供を作ることが多い。この場合、同じ卵子ドナーと代理母を依頼するか、または別の女性にするかでバリエーションが生じる。

代理出産を依頼するゲイカップルは、一般に経済的余裕があり、高い教育を受けていることも多い。代理出産に関して、事前に十分な情報収集を行っているのが普通である。テリングは、十分に計画されたものとなる。テリングは、子供の年齢や理解度に応じて行われるが、どちらが遺伝的父親なのかについても、子供に明かされるのが普通である。

出産後は、卵子ドナーや代理母と、家族ぐるみの交流が行われることもある。しかし、卵子ドナーは匿名であることも多く、代理母に比べると、交流の機会はより少ない（Carone et al. 2018, Blake et al. 2016）。

ゲイカップルの親を持つ子供はまだ幼い時期から「ママはどこ？」「ママがいないのはなぜ？」と訊いてくるだろう。それに対して、卵子ドナーや代理母はいるが、彼女たちは「母親」ではなく自分

＊14　ドナーを見つけられない可能性もある。また、見つけたとしても、ドナーから拒絶される恐れもある。彼女が生まれた二年後、双子の姉妹が顕微受精で生まれている。つまり、双子の姉妹と父親は遺伝的につながっている。ドナーに興味を持つことで、彼女の家庭内での立場が一層脆弱になる可能性がある。

たちの家族に「母親」はいない（Petersen 2015）、むしろ「父親」が二人いてラッキーなのだとしばしば説明される。

こうしたことが、ゲイカップルの親と子供にとって何を意味するのだろうか。

【誰かが娘に母親がいるはずだといったらしい】

子供たちが幼稚園に通っていた四歳か五歳の頃、娘が家に帰ってきて私に言った。ヘルパーの誰かが、お母さんがいるはずだと娘に言ったらしい。そして、私たちは、お母さんは絶対にいないと再び言い聞かせなければならなかった。それは、これまで何度も繰り返されてきたことだ。（ゲイの父親、米国、二〇二一）

子供が家庭以外の場所で人間関係を持つようになったとき、家庭の内と外で矛盾や葛藤が生じる。人々の常識は、自然生殖を標準に構成されており、それは、出産した女性が母親であるというものである。すべての子供は、生物学的女性から産まれている。その意味で、どこかに母親がいるはずだという周囲の大人の発言は確信に満ちたものになる。しかし、ゲイカップルの家族にとって、代理母は、妊娠出産はしたが、決して「母親」ではない。こうした大人たちの発言の真意や、「母親がいない」ということの意味を、まだ幼い子供たちが正確に理解するのは難しいだろう。

【境界を意識したつきあい】

代理母とは家族ぐるみの友人だ。二人の友情は代理出産の過程で芽生えたもの。代理母は、子育ての決定には一切影響を与えない。上の娘の卵子ドナーは、非匿名の提供者であったため、一八歳以降にドナーの識別情報を入手することができる。下の娘のドナーは、不妊治療の看護師をしている友人で、自分たちの生活にとても積極的に参加している。しかしどちらも、自分たちがとどのように子供を育てるかについて、何かを言ってくることはない。（ゲイの父親、英国、二〇二二）

代理母とは、家族ぐるみで交流しており、一人の卵子ドナーとも親しい関係を持っている。しかし、彼女たちとの境界は明確に引かれていることがわかる。卵子ドナーと代理母が、子育てに干渉してくることはない。仮に干渉してくるようなことがあれば、関係を断ち切ることになるだろう。一般に、女性と子供の（社会通念上の）結びつきは非常に強く、卵子ドナーや代理母が境界を超えてくることに対して強い警戒心を持つゲイカップルの父親は少なくない。それが、「母親はいない」というラディカルな表現となって現れているのかもしれない。

【1．友人からの素朴な質問】

自分には母親がいないということが他の子供たちの間で話題に持ち上がったことがよくあった。「ママがいないのに、どうやって生まれたの⁉」「生まれるためには、ママがいなくてはいけない」などと言われた。当時、自分が生まれるのに母親が必要なかったことを説明する方法が本当にわか

らなかった。（ゲイカップルの父親をもつ男性一九歳、米国、二〇一二）

母親がどこかにいるはずだという指摘は、ゲイカップルの父親を持つ子供に対して執拗に投げかけられる。それは、まだ幼い友人から、素朴で悪意のない質問となって現れることも多い。子供には母親が必要なのだという強固な価値観があり、子育てをするゲイカップルが闘っているのはまさにこの価値観[*15]だが、体外受精や代理出産について、まだ幼い子供が周囲に説明するのは難しい。家庭の外に生活圏を広げた子供は、親のいないところでこのような日々繰り返されるやりとりに苦慮している。

【2．卵子ドナーについてもっと知りたい】

卵子ドナーや代理母のことを母親だと思っていない。代理母のことは、私の代理母とか、彼女の名前で呼んでいる。彼女はテキサスに住んでいて、子供の頃に直接見たのが最後。あまり話をしていないけれど、お互いにポジティブな気持ちを持っている。

卵子ドナーの名前を知らないし彼女について非常に限られた情報しか持っていない。ドナーについて、もっと知りたい。もっと情報が欲しい。彼女の見た目（写真）、彼女の性格など、遺伝子を通してそれらが伝わるかを知りたい。近い将来、遺伝子検査をして、ドナーきょうだいを探したい。そして可能なら、彼らと交流したい。（同前）

先述の一九歳男性は、ゲイの父親から、卵子ドナーや代理母について、幼い頃から聞かされて知っている。代理母には会ったことがあるが、卵子ドナーは匿名であり、実際に会ったことはない。ドナーを知りたいという強い欲求を持っていることが伺える。[*16]自分自身を深く知るためには、自身の遺伝的ルーツを確認する必要があり、そのためには遺伝子検査でドナーきょうだいを探したいという。ドナーを得るためにはエージェントに頼らざるを得ないことが多く、エージェントが紹介するドナーのほとんどが匿名である。彼はドナーについて書かれた膨大なファイルを親から渡されて持っている。しかし、それを熟読してもドナーの全体像は見えてこない。彼が欲しいのは、単なる記録や情報としてのドナーではなく、生身のドナーやその人となりなのである。

＊15　自然生殖のモデルに基づいて、「父親」「母親」などと親の性別を特定する呼称は今後、変化していく可能性があり、現にこうした呼称を捨てた国もある。

＊16　筆者は、代理出産で親になることを希望するゲイカップルのためのエージェント主催のセミナーに登壇した、一〇代の子供たちの語りを分析したことがある。子供たちはすべて代理出産で生まれ、ゲイカップルの父親を持つ。子供たちの語りのなかでは、卵子ドナーや代理母への関心は比較的抑制される傾向があることを指摘した（日比野　二〇二二）。これから代理出産で親になろうとする人々が聞き手となるセミナーの場に合致した語りが選択されている。一方、筆者が実施したインタビューからは、次のような語りが得られた。「まだ一〇歳の子供からの相談だった。彼女の母親はシングルマザーで、彼女は精子提供で生まれたことを知らされていた。しかし、ドナーが匿名であることに悩んでいた。しかし、心配しないように教えられていたから質問できなかった。その子はとても頭のいい子だった。彼女は父親の姿をみたいと切望していたのに、ドナーを知ることが許されていない状況に混乱していた」（精子提供で生まれた四〇代女性、ベルギー、二〇二一）。

6　遺伝子検査が拓く新たな関係性

　市販されている遺伝子検査を受け、偶然にドナーから出生した事実を発見する事例が続出した（仙波二〇一七）。その後、ドナーやドナーきょうだいを見つける目的で遺伝子検査が利用されるようになった。互いの存在に好奇心を抱き、実際に会って交流する事例も報告されている。

　法制度によって出自を知る権利が保障されている場合でも、その恩恵を受けられるのは若い世代に限られており、多くの出生者にとって、遺伝子検査が血縁者を見つける有望な手段である。遺伝子検査を通して血縁者を探索し、まだ見知らぬドナーやドナーきょうだいにたどり着く過程は、まるで探偵のような感覚である[*17]。実際に会うときには、緊張や不安を感じる反面、わくわくするような体験でもある。互いに、遺伝的につながっている証拠を、共通の趣味や着ている服の色、大学の専攻にまで見出す人もいる（逆に、育ての父親とはいろんな点で似ていなかった、違和感があったと回顧されることもある）[*18]。遺伝的つながりが親密性の感覚を作り出している。

（1）精子ドナーの経験

【着ている服の色まで同じだった】

　自分には知っている限り、一六人の子供がいるが、そのうち実際にコンタクトをとったのは二家族だけで、子供に会ったのは一人だけ。男の子だったんだけれど、自分の家系では男の子は皆似ている。たとえば自分は父親がその歳のときと全くそっくりだった。そして、その子も全く同じ。その上、会った時は、同じ黄色の上着を着ていたんだ。服まで一緒だったんだね。それに、自分は科学を専門にしているけれど、彼も科学に興味を持っているということもわかった。普通は遺伝じゃないと考えられていることでも、そんなふうに似ているということを発見した。他の二人の子どもについても、一人はエンジニアをやっているし、もう一人は数学の成績がいいんだ。だから環境じゃなくて遺伝なんだと。つまり行動までもが（遺伝によって）似ているんだ。

自分はドナーとして、子供に対する権利はないし、向こうからアクセスがないかぎり、自分から会うという権利はないということはちゃんと理解している。自分の場合は、子供たちがどうしているか知りたかった。興味があったんだ。それは彼らの人生の一部になりたいとか、自分の人生に彼らを組み込みたいとか、そういうことではない。ただ純粋に興味関心だけ。（精子ドナー、大学講師、オーストラリア、二〇一九）

自分の精子から、一六人の子供が生まれたことを把握している。ドナーの立場をわきまえていて、レシピエント家族や出生者の人生に深く介入するつもりはない。しかし、出生者には強い好奇心を抱

＊17　“The donor detective: how one woman made it her mission to help donor-conceived children find their biological fathers.” Prospect（二〇一九年四月三日）など、‘Donor Detective’という表現がしばしば使われている。

＊18　「真実を発見した後、それはすべて理にかなっているように思えた。父親とは全く似ていない。自分は社交的で外交的だが、父親は控えめで静かな性格」（精子提供で生まれた三〇代男性、米国、二〇二二）。

いており、向こうからコンタクトがあれば、ぜひ会いたいと思っている。実際に対面した一人の出生者との間には、遺伝をキーワードにさまざまな共通点を見出し、親近感を覚えている。環境より遺伝が重要だと考えている。彼は、法的な意味で「父親」ではないが、子供たちとは遺伝上のつながりがあるという特別な関係性を楽しんでいる。責任や義務から解放され、違いの好奇心（curiosity）によってのみ結びついているというところに、この関係の純粋性がある。

但し、前記のような例は実際には稀なことだと考えられる。関係性は、以下に述べる二六歳男性の事例1～4のように、出生者からの片思いに終わることもよくある。

【1．ドナーとの特別な絆】

それは仕事の合間の即席のミーティングだった。直前のミーティングであったため、緊張し、圧倒された。初デートのようなもので、「この人は僕を気に入ってくれるだろうか」と心配になった。ドナーは質問に答えてくれたが、自分はあまり直接的な質問をしなかった。ドナーに会ったとき、特別な絆を感じた。大学を卒業し、人文科学を専攻していたことを話した。実は、二人は同じ大学に通っていた。また、芸術や旅行など、共通の趣味の話もした。（精子提供で生まれた男性二六歳、米国、二〇一二）

遺伝子検査によって精子ドナーに辿り着いた。精子ドナーとの初めての面会は、初デートのようにドキドキ、緊張するものであった。嫌われないように精一杯、気を使い、会話の中からドナーとの共通点を見出して、特別な絆を感じたという。

【2．ドナーからの丁寧な拒絶】

彼は自分の家族を持っている。彼は優しく、自分と連絡を取り続けると信じ込ませていた。一年後、ドナーとメール交換をしていた時、彼は初めてこれ以上連絡を取るのをやめてほしいと言ってきた。自分は彼の意思を尊重した。時間を割いて会ってくれてありがとうと彼に伝えた。ドナーは自分と同じ町に住んでいて、彼にとって自分は不安を煽る存在だ。（同前）

ドナーとの面会を果たした彼は、ドナーと親密になったと思い込んでいたが、それは彼の片思いだったようだ。やがて、ドナーにとって自分は疎ましい存在なのだという現実に直面する。ドナーにとって、出生者からのコンタクトは、それに応じる道義的義務があると思わせるものかもしれない。ストーカーを恐れるドナーもおり、ドナー自身の家族を守る必要もある。出生者と敵対的関係になることは好ましくない。多くの場合、出生者は招かれざる客というのが本音だろう。

【3．ドナーとの実子との関係】

ドナーには四人の息子がいる。そのうちの一人にコンタクトを取り、会った。彼と最初は問題なかったが、しばらくして仲違いしてしまい、今は連絡を取っていない。（同前）

彼の存在は、ドナーの家族からも受け入れられなかった。

【4．ドナーきょうだいたちとの親密な関係】

半きょうだいたちとは、みんなとても仲がいい。「兄弟」「姉妹」と呼びあっている。自分たちの間には間違いなく絆があると感じている。お互いに支え合っている。とても心強い。（同前）

他方、ドナーきょうだいとの関係性は、互いに立場が似通っていることもあり、よい関係を持ち、その関係性からエンパワーされている。

【増え続けるドナーきょうだい】

一〇人いるドナーきょうだいたちのほとんどと話をし、最初に出会った二人とは特に親しい関係を持っている。残りのきょうだいたちとも友好的に付き合っているが、最初に出会った半きょうだいたちとは、お互いを発見した途端、とても親密になった。

今は、もっと多くの半きょうだいを発見することは、嬉しいことではなく、フラストレーションを感じる。世界中にきょうだいがいて、全然知らない他人に親密さを感じることは難しい。（精子提供で生まれた三〇代男性、米国、二〇二二）

遺伝的につながりがある人々との交流は、家族の外に親密な関係性を広げる一方で、その規模が想像を超える範囲まで拡大していくことがある[*19]。ドナーきょうだいがさまざまな国に散らばっていることもある。家族形態もさまざまである。遺伝子検査によって次々と新しいきょうだいが発見され、彼／彼女らの家族といった血縁者までもがその関係性に加わっていく。それらの関係性をどう整理し、自分の人生に位置づけていくのか。それは成人してからの作業となることがほとんどであり、決して容易なことではない。この男性にとって、新たな血縁者の登場は、その都度、新たな意味解釈を迫るものであり、困惑をもたらしている。

【遅れてきた参加者として】

自分には一五人のドナーきょうだいがいる。ドナーとつながりを持ちたいと願っていた。Facebookにはドナーとドナーきょうだいのためのグループがあり、それに参加した。母から渡されたドナーのプロフィールに「ユーモアのセンスがある」と書かれていた。フェイスブックのドナーきょうだいのグループの投稿で、自分もユーモアのセンスがあることをほのめかしたが、それは聞き入れられなかった。当初は共通点を探していたが、これ以上の失望を避けるため、現在はやめている。

ドナーきょうだいたちと会っていない。自分はかなり遅れてやってきて、誰も自分に興味を示して

＊19　精子提供は、何度でも繰り返せるという性質があり、世界中で提供を繰り返した結果、数十人、または百人以上もの子供が生まれたケースも報告されている。しかし卵子提供の場合、身体への負担が重いため、このような現象は非常に起こりにくい。

いないようだった。自分が投稿しても、誰も反応してくれない。ドナーにも会っていない。ドナーはそのことにあまり興味がないようで、彼のソーシャルアカウントは、知らない人からの接触を防ぐためにロックされている。自分は、彼のプライバシーを尊重したいと考えている。（精子提供で生まれた三〇代女性、米国、二〇二二）

早い時期に遺伝子検査でドナーやドナーきょうだいを発見した人々は、自分探しの旅を一定程度終えている。彼女が遅れてきた参加者としてそのネットワークに参加したとき、その熱狂した雰囲気は既に過去のものになっていた。既に出来上がっていた半きょうだいたちのネットワークに、遅ればせながら受け入れられようと彼女なりに努力したものの、徒労に終わった。彼女はドナーとの関係性からも、ドナーきょうだいとの関係性からも、ポジティブな経験を得ることができなかった。

7　近未来の生殖テクノロジー

卵子の凍結、子宮移植、ミトコンドリア提供、配偶子の造成、人工子宮など、近年の生殖技術の開発と発展は著しい。これらの技術開発が成功し、廉価で臨床応用が可能になった暁には、「第三者」はもはや人々に選ばれることはなくなるかもしれない。もしそうだとすれば「第三者」は、こうした新興技術が完成するまでの間の、過渡的な技術だということになる。

ミトコンドリア提供（mitochondrial donation）は、二〇一五年に英国で初めて臨床応用が合法化された（日比野 二〇一五）。ミトコンドリア病の母子遺伝を防ぐためのものであり、あくまで重篤な疾患の場合にのみ、臨床応用が認められた技術である。子供は、ミトコンドリアDNA提供者と核DNA提供者、精子提供者の三人の遺伝的親を持つことになる。[*20] これまで、レズビアンカップルの間では、パートナーの卵子を使って他方のパートナーが妊娠出産するという相互IVF（reciprocal IVF）という方法が一部で行われてきたが、ミトコンドリア提供の技術を使えば、レズビアンカップル双方の遺伝子を引き継ぐ子供が誕生する。

子宮移植（uterus transplantation）もまた、研究開発の段階から、臨床応用されて間もない技術である。二〇一四年に初めて子宮移植による子供が誕生した。子宮移植は、代理出産のオルタナティブと目されており、代理出産が禁止されている国などで積極的に開発されている。子宮移植は、代理出産としばしば比較され、倫理的優位性があると主張される（Guntram 2018）。たとえば、代理出産は他者の身体を利用するものだが、子宮移植は、レシピエントの女性が自分で妊娠出産することができる。子供を〝産み終えた〟女性が主な生体ドナーとして想定されている。しかし実際には、子宮移植は、生体ドナー・レシピエントの双方にとって極めて医学的なリスクや負担が大きい技術である（日比野 二〇一八）。[*21]

この問題を解決するのが、人工子宮（artificial womb）である。人工子宮は、二つの方向から開発

＊20　二〇一六年にメキシコで、二〇一七年にウクライナで、ミトコンドリア提供から子供が誕生した。

＊21　死亡した女性から子宮を摘出してレシピエントに移植する場合、ドナーの身体的負担はない。近年、死体ドナーからの子宮移植も成功を収めており、こちらが主流になるだろう。

が進められている。一つは、超未熟児に対する医療である。これは、胎児の生存限界を伸張させ、未熟児の生存率を向上させようとする臨床上の要請に応えようとするものである（＝partial ectogenesis）。二〇一七年、米国フィラデルフィアの病院でBiobagのなかでヒツジの出生前の未熟胎児を育て、無事に出生したとの報告がある（Partridge et al. 2017）。もう一つは、受精卵を人工的な環境の中で育てるものである。人工子宮の中で、人の受精卵を新生児にまで成長させることができれば、完全な意味での人工子宮が完成する（＝full ectogenesis）。しかし多くの国で、人の受精卵の体外発生を、原始線状が発生する一四日以内に制限する規制があり、人での研究は進んでいないのが現状である。また、技術的にもまだまだハードルが高いと考えられる。しかし、仮にも人工子宮が完成すれば、女性は、妊娠出産の軛から理論上、解放されることになる（ファイアストーン 一九七二）。男性は、女性の身体を迂回することなく実子を得ることができるようになる（日比野 二〇二二）。

さらに、生殖への欲望を叶える究極の技術として、体細胞からの配偶子造成がある。マウス等の動物を使っての研究が進められている。この技術が完成すれば、病気や障害などの理由で、配偶子が得られない人でも、遺伝的につながった子供を持つことができる。また、精子や卵子の老化をリセットし、加齢に由来する不妊を克服することができる。つまり、自己精子や自己卵子を用いた生殖の年齢限界が取り払われる。さらには、同性（男性）同士のカップルの精子と卵子から受精卵をつくり、生殖を行うことも可能になる。将来、自身の体細胞から配偶子をつくれるようになれば、第三者の配偶子から子供をつくろうとする人々は、今よりも確実に減少するのではないだろうか。[*22]

こうした新興技術を組み合わせれば、生殖をさまざまにデザインすることができるようになる。とはいえ、次世代への影響を考えると臨床応用には慎重になるべきであり、安全性を確認するまでにはまだかなりの時間が費やされることになるだろう。また現実的に、これらが臨床応用されたとしても、実際に利用するには莫大な費用がかかるはずである。したがって、コスト面で諦めざるを得ない人々が出てくるはずである。

「現代社会の生殖補助医療は、単一の親が〝子どもを持つ〟という画一的な家族の形を得るための多様な方法の増大という性格を有する」（渡辺 二〇一五）。もしこの見解が妥当だとすれば、人々は、親子関係の基盤を、共通の経験や共感、ケアの授受、互酬性など、長い時間と互いの努力によって構築される親密性だけでなく、何を置いてもまずは（遺伝子神話に基づいた）血縁による〝確かな〟つながりに求めており、生殖技術の開発と利用はそこに向かって収斂していくことになる。こうした技術開発の方向性や、人々の欲望の在り方が変わらない限り、「第三者」による家族形成は、（再び）周辺化されていく可能性が高いのではないだろうか。

8　おわりに——後期近代における新たな親密圏の生成

生殖補助医療は、カップルの実子を得る、または家族を作る手段として現在、世界中で利用されている。子を持つ・持たないは、性的指向・性自認に関係なく、人々が自由に選択できるライフスタイ

＊22　ポリアモリーなど、対幻想に閉じない親密圏の存在が可視化されてきている。三人以上の親による子育て、男女複数の生殖物質を組み合わせる生殖方法については今後の課題としたい。

ルの一つとなった。その象徴的存在が同性カップルの家族形成である。男女カップル以外の人々は、遺伝的父母とその子供という伝統的家族を擬制することが不可能であるため、テリングはほぼ不可欠である。「第三者」を利用するシングルや同性カップルの存在は、オープンで多様な家族の形成を促していると評されている。

テリングを前提に、ドナーや代理母をどのように位置づけるか？　テリングをする親にとって、ドナーや代理母は親ではなく家族でもない。つまりは、ドナーや代理母と交流があったとしても、彼／彼女らが家族に侵入してこないことが前提であり、また、ドナーや代理母の側も境界を明確に意識している。つまり、テリングをする親にとって、親が複数化したり、互いの家族が相互浸透したりするというようなことはなく、あくまでも自然生殖から派生した核家族における親子の単一性が模倣されているように見える。

幼い頃からテリングを受けた子供の語りを見る限り、親の目論見は比較的成功しているように見える。つまり、子供から見て、現に暮らしている親との関係が最優先され、ドナーや代理母に対する強い関心は抑圧される傾向がある。

テリングは、子供の成長に応じて何度も繰り返し行うことが望ましいとされる。それは、遺伝的・生物学的つながりがなくとも、情愛で結ばれた親子であるというメッセージを繰り返し伝えることで、親から子への愛情表現の場ともなる。真実をオープンにしたうえで、第三者を家族の外部に位置づける実践である。

テリングが行われる親子の関係性を見ると、遺伝的・生物学的つながりがもたらす安定性がなくなり、真実を語ることを通してのみ、関係性を維持する、「純粋な関係性」（ギデンズ 一九九五、二〇一七）[*23]に近づいている。より民主的な家族像に向かっていると言えるが、それでも対等な関係性からはほど遠い。つまり、テリングに基づいて親を選ぶ権利は子供にはないのである。「第三者」で生まれた子供の側から見て、（一方の親と）遺伝的・生物学的関係がないという不安定性の中で、自分の居場所を得る必要があり、それが一定の脆弱性をもたらしているとも考えられる。親の意向を汲む必要が生じ、それがドナーや代理母に対する相対的な無関心を招いているのではないか。こうした力学が働いていることを前提とするなら、ドナーや代理母に対する出生者による興味関心の程度は、ライフステージに応じて変化していく可能性がある。

「第三者」を利用する親は、遺伝的つながりよりも、育てることが親として重要な意味を持つという考え方に賛同するはずである。だがその意に反し、現代社会では、遺伝子本質主義ともいえる考え方がますます強まっている。遺伝子検査の普及と流行が、それを物語っている。人々は、祖先や遺伝的体質を知るために遺伝子検査キットを購入する。現代社会で、遺伝子（血縁）は、ある種の結びつきとアイデンティティの強力な源泉であり続けている。

ドナーは、出生者にとって、（多くの場合）自身のルーツを知るために重要な存在であるように思われる。特に、親から秘密にされてきた出生者の場合、ドナーを知りたいという欲求はより強いものになる傾向が伺える。それは、強い探索行動となって現れることもある。とはいえ、ドナーに対する

---

*23 「純粋な関係性」とは、「おたがいのコミュニケーションが双方に利得をもたらすがゆえに持続される、情緒的コミュニケーションにもとづく関係」のことである（ギデンズ 二〇一七）。

興味関心は、グラデーションはあるものの、自分自身をよく知るためのものであり、「本当の親」に対する思慕とはやや別物のように感じられる。

ドナーやドナーきょうだいたちとの関係は、互いに対する好奇心（curiosity）に支えられた絆、遺伝的関係に基づく親密性が現れており、法律や道徳的義務から解放された分、より純粋な関係性に近づいている。

純粋な関係性は、それを維持するための不断のメンテナンスを必要とする。一人のドナーから複数の子供が出生していることもめずらしくなく、遺伝子検査によって血縁者が続々と発見されていく。増え続けるドナーきょうだいや彼／彼女らの親族との関係性を維持しつつ、それを、自己を中心とした物語の中に位置づけるのは容易な作業ではない。

日本では遺伝子検査は普及しておらず、遺伝子検査を利用してドナーを発見したという報告は今のところない。しかし、テリングをする親はちらほらと出始めている。テリングした親の物語はそろそろ出てくる頃だろう。親からテリングを受け、成人した人が自分の意思で語るのはもっとずっと先の事になるだろう。

結び

生殖技術の発展がさまざまなライフスタイルの可能性を広げているのは確かである。まだどこに帰着するかはっきりとはわからない、この渦中に逃れられない仕方で置かれているのは、親ではない。それは紛れもなく、一般的な生殖とは異なる方法で出生した人々である。彼／彼女らは、自らの存在全体でこの変化を受け止めている。

ドナー精子によって生まれた当事者で研究者でもあるリーン・バスチアンセン（Leen Bastiaansen）は、ドナーから生まれた人の心象風景として、わずかな表面だけを見せて海に浮かぶ氷河の写真を示している（図2／Bastiaansen 2021）。その大部分が、海面下に沈みこんでおり、そこには、まだ語られておらず、我々が知ることができていない当事者の複雑な心理が膨大に存在することを表している。

図2　出生者の心象風景を表した氷河の図

こうした、彼／彼女らの苦悩や葛藤、社会との軋轢を乗り越えたところに、生殖技術が切り開いた未来の新しい家族の姿があるのだといえるかもしれない。

＊　＊　＊

【読書ガイド】

・サラ・ディングル『ドナーで生まれた子どもたち——「精子・卵子・受精卵」売買の汚れた真実』渡邊真里訳、日経ナショナル ジオグラフィック、二〇二〇年〔解題〕二七歳の時、母親から精子提供で生まれた事実を知らされたオーストラリア在住のジャーナリストが、遺伝的父親を求める中で業界の闇に触れる。現在、精子提供などで生まれた人々が世界中で声をあげている。それは、自分がどこから来たのか知りたい、自分の血縁について知りたいという、人として自然な要求である。彼／彼女らの主張は、二〇一九年に国連・ジュネーブでのスピーチに結実した。現在の不妊治療産業には生まれた人たちの声が反映されていないというメッセージであり、その状況は今も続いている。

・ウルリッヒ・ベック、エリーザベト・ベック＝ゲルンスハイム『愛は遠く離れて——グローバル時代の「家族」のかたち』伊藤美登里訳、岩波書店、二〇一四年〔解題〕グローバル時代の「家族」のかたちとして、国際カップル、結婚移住、家事労働移民などと並んで、卵子の提供や代理母出産によって形成される家族について言及されている。第八章「母はスペインの卵細胞」では、国際的な格差と分業によって行われる生殖技術が、新しい親族関係を生み出し、「グローバルな他者」が子の身体に刻み込まれると述べられている。子供を授かるための旅行において、愛や親密性がどのように形成されるかが論じられている。

・石原理『ゲノムの子——世界と日本の生殖最前線』集英社新書、二〇二二年〔解題〕二一世紀は、ゲノムの世紀と呼ばれる。ゲノムを構成する三〇億の塩基対の欠失や変異により、重篤な疾患が発生したり、一人一人の体質や個性に反映されたりすることがわかっている。このゲノムに直接改変を加える技術として、「CRISPR-Cas9」というツールによって可能になった「ゲノム編集」は現在もっとも注目されている。受精卵のゲノム編集技術や、将来のゲノム医療や生殖医療について、国内と海外におけるさまざまな対応が紹介されている。人類と技術の調和のためには、法規制やルールづくりにおいて、柔軟かつ暫定的な対応が求められるべきであると著者は論じている。

第3章　ヤングケアラーから考える
――その問題と私たちがめざすべきケアと社会の未来について

看護大学の教員となり数年経つが、寡聞のかぎり、家族など身近なひとが傷病に見舞われたり障害を得たりといった経験が看護師をめざす動機となっている若者も少なからずいるようである。だが、その経験がなぜ看護職というハードでもある専門職を志望する理由となりうるのか。その消息が、私には、わかるようで、よくわからなかった。少なくとも「ヤングケアラー」と呼ばれる人々の事情を詳しく知るまでは。では、いま私は前述の問いの答えをどのようなものと考えているのか。この疑問には、またのちほど、本章を閉じる前にこたえたい。

本書（本章）の読者ならきっと気づいているように、日本では近年ケアをめぐる言説が活況を呈している。だがこの状況は必ずしも望ましいとはいえないだろう。というのも「相手のことを気にかける（配慮する）」、「人々の生存・生活を支える」、こうした営みである点でまさに人間の基底的な活動といいうる「ケア」が、あらためて注目を浴び、議論の俎上にあがること。かかる状況は、むしろ、日本という社会においてはディーセントな暮らしに揺らぎが生じていることを告げ知らせているという見方もできるからだ。またじっさい、この間「ヤングケアラー」という言葉（概念）が急速に人口に膾炙しつつあるという現象もまた、この見方の正しさを傍証するようにおもわれる。

ヤングケアラー。そう呼ばれるひとたちはいったいどのような存在なのかについて、すでによく知っている読者はいまや少なくはないだろう。とはいえ、もちろん、言葉だけは耳にしたことがあるがそれ以上のことはよく知らないという読者もきっといるはずだ。そこでまずヤングケアラーの定義からみることにしよう。

こども家庭庁のホームページに載っているオフィシャルな（行政の）定義によれば、ヤングケアラーとは「本来大人が担うと想定されている家事や家族の世話などを日常的に行っている子ども・若者」をさす。*1 さてしかし、この定義はすぐさま次のような疑問を喚起する――ヤングケアラーが担っているとされるケアは「本来大人が担うと想定されている」ケアである。だがこれは、裏返せば、ヤングケアラーが「本来なら子どもが担うべきではない」ケアに従事している（させられている）ということを意味する。ではなぜこのようなことがおきているのか。ヤングケアラーという存在はどうしてうまれたのか、とのような。ではまずこの疑問にこたえるべく、ヤングケアラーが誕生するまでの消息をたどってみよう。*2

ヤングケアラーの誕生

ヤングケアラーの誕生には、戦後日本社会の歩みが大きくかかわっている。まず戦後間もない一九四〇年代に生活保護法・児童福祉法・身体障害者福祉法が制定され、また高度経済成長期には高齢者・母子家庭・知的障害者を支える福祉制度が整備された。そして以降も二〇〇〇年前後あたりまで、日本型福祉行政では「家庭には余力のある人がいることを前提に、ケアされる人を中心」（澁谷二〇二二：二四頁）とする制度設計が進められた。[*3] ただし、その間も家庭における「余力のある人」としてケア（介護・育児）を担ったのはもっぱら女性だった。とくに高度経済成長期には、女性は専業主婦としてケアを一手に担った（担わされた）が、そのわけは、一九五〇年から七〇年ごろまで続いた人口ボーナス[*4]の影響により、社会福祉により支えられる人々の数を大きくうわまわる働き手が存在していたからであった。だが一九九〇年代を迎えると、この状況は反転する。日本社会はむしろ人口オーナス[*5]の時代に突入し、高齢者比率が増加するとともに母親も働き手として家庭の外に出ていくようになったからである。ただし、このように共働き化が進んだにもかかわらず、家庭における因習的な性別役割分業は維持されつづけた。だから、そのぶん家庭における女性のケア負担はさらに重くなっていった。そしてこのような状況下、二〇〇〇年には介護保険制度が導入された。だがその目的

＊1　ヤングケアラーの定義は、論者により若干の揺れがあるが、「ヤング（子ども）」が「一八歳以下」を、「ケアラー」が「無償でケアを提供するひと」を、それぞれさす点では概ね一致している。
＊2　ヤングケアラー誕生までの消息にかんする以下の説明は澁谷（二〇二二：一二-一七頁）に依っている。
＊3　あるいは木下も指摘するように、「家族介護が、「日本の美風」でもなんでもなく、特に一九七〇年代以降に社会的につくりあげられたものであることは、高齢者介護を研究する者にとっては常識」に属する（木下　二〇一九：i頁）。
＊4　「人口ボーナス」とは、当該社会の総人口において一五歳から六四歳までの労働者の割合が高まる現象をさす。
＊5　「人工オーナス」とは、人口ボーナスとは逆で、当該社会の総人口における労働者の割合が低下する（働き手が不足する）現象をさす。

はあくまで高齢者の自立支援にあり、家族がケアの担い手となりその自立を支えていくことは暗黙の前提とされていた。[*6] そのため以降も家庭における母親の逼迫状況は、よくて横ばい、むしろ悪化するケースさえ増加していった。またそれにともない家庭によっては子どもが母親のケアを補う、あるいは肩代わりする事態が進んでいった。

以上がヤングケアラーの誕生にいたるまでの経緯であるが、これをふまえるなら、家庭においてケアを担う子ども、今日でいうところのヤングケアラーは二〇〇〇年ごろから増加しはじめたと推察される。ただし、もちろん、それ以前にも似た境遇の子どもは存在していたに違いない。だが日本で暮らしている多くの人々にとって、長きにわたり彼女・彼らの存在は「透明な存在」（毎日新聞取材班二〇二一）のままであった。だから二〇二〇年ごろ、すなわち比較的最近にいたるまでは、ヤングケアラーが抱えている問題も私たちの多くにとってはいわば他人事であり続けてきた。[*7] したがって、その存在が発見されるまでヤングケアラーは次のような状態にあったというべきだろう。すなわち、家族のためにずっとケアを供与し続けていたにもかかわらず自らは「社会」という他者からなんのケアもうけることのない状態に留め置かれていた、と。

「問題」としてのヤングケアラー

では、なぜ近年になってようやく日本社会においてもヤングケアラーが注目されるようになったのか。それは、すでにふれたように、ヤングケアラーの存在が「（社会）問題」として認知されるようになったからである。ではその問題とはなにか。それは、こども家庭庁のホームページが前述のヤングケアラーの定義に続けるかたちでふれているように、ヤングケアラーはそのケア「責任や負担の重さにより、学業や友人関係などに影響が出てしまう」という問題である。またこれこそ、衆目一致してヤングケアラーが抱えている中核的（深刻）な問題とみなしている当のものにほかならない。

ではヤングケアラーの中核的な問題とは具体的にどのような問題なのか。またその問題以外にヤングケアラーという存在にまつわる問題はないのか。そこで以下、まず第1節から第3節では、これらの問いにこたえていきたい。また第4節では、以上で明らかとなったヤングケアラーの諸問題と今後私たち（社会）はどう向きあっていくべきかについて考察したい。そして第5節（おわりに）では、ヤングケアラーに私が教えてもらったことを冒頭でふれた個人的なエピソードに立ち戻りつつ述べながら、今後私たちが向かうべきケアと社会の未来をすこしく展望してみたい。

＊6　この「家族のケアをあてにする」という行政のスタンスはいまなお変わっていない。このことは、ヤングケアラーを定義するにあたり、彼女・彼らが担っているケアを「本来大人が担う」ものと規定（想定）している点にも明らかである。

＊7　なお、ヤングケアラーの発見時期については二〇一四年ごろからであるとする見方もある（澁谷編　二〇二〇：三頁）。また学術界においてヤングケアラーが発見されたのは二〇二〇年以前とされており、ヤングケアラー当事者を対象とした日本で最初の調査は、濱島らが二〇一六年に実施した調査であるとされる（濱島　二〇二一：三七頁）。

1　ヤングケアラーとはどのような存在か

　ではヤングケアラーの中核的な問題を明らかにする、その手前でまずは、ヤングケアラーとはどのような存在なのかについて、あらためて丁寧にみておこう。

　そこで先述のヤングケアラーの定義に立ち戻ろう。すなわち、それによれば、ヤングケアラーとは「本来大人が担うと想定されている家事や家族の世話などを日常的に行っていることども」のことであり、彼女・彼らは、そのケアの「責任や負担の重さにより、学業や友人関係などに影響が出てしまう」存在でもある。さて、しかしそうすると、あらためて次の疑問が生じるであろう。すなわちヤングケアラーが担っているとされる「学業や友人関係などに影響が出てしまう」ほどのケアとはどのような行為であり、またその「責任や負担の重さ」はどれほどのものなのか、と。

　そこでこの疑問にこたえるべく、まずは定義内で「家事や家族の世話など」と呼ばれているものが具体的にどのような行為なのかを確認しよう。すなわち、こども家庭庁によれば、ヤングケアラーが担っている「家事や家族の世話など」は、具体的には以下の行為をさしている。


障害や病気のある家族に代わり、買い物・料理・掃除・洗濯などの家事をしている。

家族に代わり、幼いきょうだいの世話をしている。

障害や病気のあるきょうだいの世話や見守りをしている。

目を離せない家族の見守りや声かけなどの気づかいをしている。
日本語が第一言語でない家族や障害のある家族のために通訳をしている。
家計を支えるために労働をして、障害や病気のある家族を助けている。
アルコール・薬物・ギャンブル問題を抱える家族に対応している。
がん・難病・精神疾患など慢性的な病気の家族の看病をしている。
障害や病気のある家族の身の回りの世話をしている。
障害や病気のある家族の入浴やトイレの介助をしている。

一見して明らかなように、ヤングケアラーが担っている「家事や家族の世話など」は、通常そのように呼ばれている行為に私たちが抱いているイメージを大きく揺るがす。まず、それらの行為はじつに多岐にわたっている。のみならず、そのなかには、いわゆる「お手伝い」にとどまらない行為も多く含まれている。というのも「買い物・料理・掃除・洗濯などの家事」とは要するに「家事全般」をさしているし、障害や病気のある家族の「世話」と「看病」は「看護」と呼ばれている医療専門職が担う行為と部分的に重なるし、「通訳」もまた特殊な能力を要する行為だからである。

したがって以上のように、まずはヤングケアラーが担っているケアとは「重責のともなう行為」であるといえる。だがさらに看過できない事実がある。それは、定義にもあるように、ヤングケアラーがこれらのケアを「日常的に行っている」ことである。つまり彼女・彼らはこれら重責のともなう行為を日々担いつづけている。だからこの点でもヤングケアラーの行為はやはり「お手伝い」の域をはるかに超えている。

かくして、以上をふまえれば、ヤングケアラーとはこのような存在であるといえる。すなわちヤングケアラーとは、「日常的に担っているケアが重責のともなう行為であるがゆえにその負担は重く、その帰結として生活にもさまざまな負の影響が生じている」、このような存在である。またこのようなあり方そのものが、近年（社会）問題化しつつある存在でもある、と。さて、ではその問題とは、すなわち「ヤングケアラーの中核的な問題」とは具体的にどのような問題なのか。次節で詳しくみていくことにしよう。

2　ヤングケアラーという経験とその中核的な問題

ヤングケアラーという経験――事例の紹介

まず先述のとおり、ヤングケアラーが担っているケアはじつに多様である。そのケアは行為レベルだけでみても「買い物・料理・掃除・洗濯などの家事」「見守り」「世話」「介助」「通訳」「労働」「看病」等、じつに多岐にわたっている。だがじつは、ヤングケアラーのケアの多様性は以上に尽きない。というのも、たとえば「世話」と一口にいっても、「幼いきょうだいの世話」なのか、それとも「障害や病気のある親の世話」なのか、つまりケアの対象や各対象との関係の違いにより、さらには家庭環境（経済力など）の違いにおうじて、彼女・彼らがじっさいに担うケアはさまざまに異なるからだ。よって以下ではまず、ヤングケアラーが担っているケアの多様な実相を読者にも共有してもらうために、いくつかの事例を紹介しよう。ただし、これらもあくまで彼女・彼らの経験の一部にすぎないこと、すなわち現実はもっと多様な経験にあふれているということは忘れないでほしい。[*8]

高齢の祖母と病気がちの母親のケア[*9]

幼児期に父親を亡くしたのち、病気がちの母親と高齢の祖父母とともに暮らしていたヤングケアラーの友也さん。彼がケアをはじめたのは小学生のころである。体調不良の母親は、家で休んでいることが多かったので、家のことは主に祖母が担っていた。だが祖母も高齢であったため、友也さんも買い物や家事を分担するなど、お手伝いをはじめることになった。ところが、小学三年生のとき、祖母が腰を痛めて半分寝たきりになってしまう。よってそれ以降、家族三人は少しずつ力をあわせて生活していくようになるが、しかしその間も、病院への付き添い・買い出し・食事の準備などの外出しなければできない用事はすべて友也さんが担っていた。また祖母の着替え・清拭・排泄介助も母親とともに友也さんが担っていたが、まだ小学生だった時分には母親がそれらのケアをかなり担ってくれていたので、友也さんは学校にいったり友人と遊んだりもできていた。

しかし中学生になると、祖母の状態に変化はなかったが、友也さんが担うケアの分担は増え、それ

＊8　よって、「ヤングケアラー」という名のもとに、多様な経験を生きている彼女・彼らの存在を一括りにしてしまっていないか、我々はあらためて注意する必要がある。またそのさい個々のヤングケアラーが抱えている問題もその経験におうじて多様であるという認識も欠かせないであろう。

＊9　本事例は、濱島が紹介している事例である（濱島 二〇二一：一〇〇‐一一三頁）。

にともない学校に遅刻したり欠席することも増えていった。また学校を休みがちになることで、勉強にもついていけなくなるとともに、友人とのつきあいも途絶えていった。こうして友也さんは孤独感を抱えるようになるが、そのおもいを吐露できる相手もいなかった。

その後、高校は定時制の学校に進学したが、ケアを中心とする友也さんの生活は変わらなかった。高校三年生時には、入院により一時的に祖母のケアは不要になったが、その一方で、心臓の弱かった母親は全面的な介助が必要な状態になってしまった。よってそれ以降、友也さんは母親のケアをひとりで担ったが、しだいに精神状態が不安定となった母親が独りでいることを強く嫌がるようになってからは買い出しなど必要時以外の外出さえ困難となった。それにより、友也さんの孤独感もさらに深まっていった。

その後、なんとか高校は卒業できたが、そのタイミングで祖母が要介護状態で退院し、友也さんは母親にくわえて祖母のケアも一手に担わざるをえなくなった。こうして進学も就職もままならない状態へと陥ってしまった。ただし当時はすでに介護保険制度がスタートしており、祖母はホームヘルパーと訪問看護のサービスを利用することができた。さらにその後すぐ母親が寝たきりの要介護状態となったことで、母親もまたホームヘルパーと訪問看護にくわえ訪問リハビリのサービスを利用しはじめた。そして、これらのサービスを利用することにより、これまで友也さんが担っていたケア負担は、物理的にいくぶん減りはした。だが、ようやくできたその空き時間も使って家計を助けるためのアルバイトにでていたため、休息や自由時間が増えることはなかった。また介護保険の利用にともない、ケアマネジャーとのやり取りや介護サービスの管理など、あらたなケア負担も生じた。さらにその後、母親の精神不安がますます強まったことにより、友也さんはアルバイトも辞めざるをえなくなった。そしてこのような生活を続けるなかで、やがて友也さん自身も摂食障害となり、体調を崩すにいたる。

この友也さんの体調不良がきっかけとなり介護施設に入所することになった祖母は、その後数年して亡くなった。一方で母親の在宅ケアはその後も一〇年以上つづいたが、友也さんが三〇代後半を迎えるころには母親も亡くなった。こうして友也さんのケア一色の生活も終わった。だがそのとき彼に訪れたのは、安堵感でも解放感でもなく、「自分だけが、生きていて、申し訳ない」という罪悪感だった。またそして後に「なぜ家族のケアを担いつづけたのか」と問われた友也さんはこうこたえている――「ほかに、選択肢が、なかったです。自分がやるしか、なかった」と。

精神障害のある母親のケア[*10]

美晴さんの母親には精神疾患（うつ病）があり、体調不良や感情不安があった。だから彼女は、小学生（三・四年生）のころから、家事（炊事・掃除・洗濯）と母親の感情的なサポートなどのケアを担っていたが、とくに要する時間が長かったのは感情的なサポートのほうであった。

家にいるときは、母親の愚痴をよく聞いていた。会話は、母親の話が中心で、自分のことを話すことはほぼなかった。また、ひどく叱られることも多かった。たとえば、家事が母親のおもうようにで

*10　本事例は、濱島が紹介している事例である（濱島 二〇二一：一二八-一四一頁）。

きていないときには、「そんなこともできないなら、家にいなくていいし、死んできて」と、理不尽ともいえる感情をぶつけられることもよくあった。だが美晴さんは、そのような場合でも、母親の「感情の受け皿になる」という感情的なサポートをケアの一環として担い続けた。だがしだいに美晴さんには、勉強に集中できない・忘れ物が多いとのような学校生活への影響や、慢性的な疲労・精神不安などの心身の不調があらわれるようになっていった。

身体障害のある妹のケア*11

沖さんの五歳年下の妹は、幼少期に進行性の病を発症し、しだいに次のような状態になっていった。すなわち、歩行がだんだんむずかしくなってストレッチャー付きの車椅子を利用するようになり、食事も胃ろうでの摂取になるとともに、発語・表情の変化・指先等の動きも徐々にままならなくなってコミュニケーションをとることもむずかしくなっていった。また病気の進行にともない酸素吸入をはじめとする医療的ケアが必要な重症心身障害児者となった。

小学生のころにはすでに、沖さんのお手伝いの延長線上にはいつも妹のケアがあった。三・四年生時には、妹の病気の進行にともない転倒防止のための見守りが沖さんの役割となったが、当時の彼女には妹のケアをしているという認識はまだなかった。だが五、六年生になると、お手伝いとしてのケアが徐々に増えていき、食事・投薬・着替えの介助があらたな役割となった。また同時期から妹はてんかんの発作をおこすようになり、発作がおきるとその時間の計測も沖さんの役割となった。そしてこのころはまだ勉強や友だちと遊ぶ時間は十分あったものの、妹の発作や通院により旅行や外出の予定がキャンセルになるなど、我慢を強いられることは増えていった。

中学生になると、経鼻経管栄養とたんの吸引という医療的ケアがはじまり、沖さんもそのケアに少しずつかかわるようになる。またこの時期あたりから将来への不安や葛藤が芽生えはじめた。今後の人生をおもいえがくたび、「大人になっても妹と一緒に住んで妹の面倒を見ないといけないのかな」といった想いが頭に浮かぶようになったのだ。またそのような将来をみこんで周囲の大人たちがかける励ましも、沖さんにとってはプレッシャーに感じられた。

高校生になると、勉強と部活で忙しくなり家にいる時間が減った。そのため妹のケアは、帰宅後の日課である着替えの介助の他には、経鼻経管栄養・投薬・おむつ交換・吸引のサポートを必要におうじておこなった。そして大学生になると、沖さんは進学を機にひとり暮らしを開始した。だが新生活への期待感とともに沖さんに訪れたのは、「私が実家から抜けたことによって実家の家族のケア負担が大きくなってしまったのではないか」という罪悪感にも似たおもいであった。というのも、実家にいた時分はいつも妹の存在が頭の片隅にあり、なにをしているときにも常に意識が妹のほうを向いていたが、ひとり暮らしをはじめ自分だけの時間をもてるようになったことにより、「自分だけが楽をしてよいのか」というおもいがせりあがってきたからである。またこの時期に沖さんは、妹優先の生活のなかで我慢をすることが習い性となっていたために、自分の意見をもたずに他人の意見を優先し

＊11　本事例は、沖が回顧している事例である（沖 二〇二〇：六六－一〇一頁）。ただし、本章ではヤングケアラーとしての彼女の経験を読者に共有してもらうことを目的としているため、彼女が語っている社会人以降のエピソードはあえて割愛している。

てしまったり、その場でもとめられる役割を担ってしまったりする癖が抜けきれない自分をなかなか変えることができないという悩みを抱くようになった。

外国にルーツをもつ親と家族のケア*[12]

中国生まれのMは、一歳の誕生日の翌日に両親が日本に渡って以降は一三歳まで祖父母に育てられた。またその間、両親の中国への帰省は数年に一度の数日間にすぎなかったため、両親と日常的に電話でのやりとりはあったとはいえ、彼らが自分の親であるという感覚はほとんどなかった。

その後、Mは一三歳になるタイミングで日本に連れてこられ、日本語能力がゼロのまま日本の中学校に入学した。そして体調に異変をきたすほど壮絶な経験をくぐり抜けながら、友人らの励ましもあり、高校そして大学へと進学する。だが両親、とくに父親は、その間も日本語はほぼ話せず、現在は仕事もままならない。よって母親とMのアルバイト収入で、Mの来日後にうまれた小学生の弟をふくめた家族四人の生活を支えている。そして弟が保育園に通園するようになってから現在まで、弟の学校にかかわることはすべてMが引き受けている。

ヤングケアラーの中核的な問題

以上、事例の紹介をつうじて、ヤングケアラーという経験の実相をたどってきた。ではそれらの経験にもとづきつつ、ここからはさらに掘り下げるかたちで、ヤングケアラーの中核的な問題——ヤングケアラーが担っているケア責任・負担は重く、その帰結としてヤングケアラーの生活にもさまざまな負の影響が生じているという問題――がどのような問題なのかについてみていきたい。
まずやはりあらためて認識すべきは、ヤングケアラーが抱えているケア責任と負担の大きさである。そこで以下では、読者の理解が深まることを期待して便宜上、この論点を「ケア責任」と、それぞれその行為の質にかかわるもの」と「ケア負担は（主に）その行為の量にかかわるもの」と、それぞれ分節したうえで考察していこう。

ケア責任の重さ

そこでケア責任のほうからみていくと、まず精神障害のある母親をもつ美晴さんは「感情的なサポート」というケアを担っていた。だが濱島も指摘しているように、このようなケアは看護・介助専門職が仕事としておこなっている「感情労働」に類似した心理的負担の大きな行為でもある。[*13] またその一方で、障害のある妹をケアしていた沖さんは「経鼻経管栄養とたんの吸引といった医療的ケア」も担当していた。だがこれらも、命や健康を左右しかねないという性格を有するため、とても重い責任をともなう行為にほかならない。

＊12　本事例は、小ヶ谷が紹介している事例である（小ヶ谷 二〇二二：四三–五二頁）。

＊13　蔭山によれば、精神疾患を得た親をもつヤングケアラーの主な役割は、感情的なサポート（情緒的ケア）のほかにも、「家事」、服薬管理などの「医療的ケア」、書類記載などの「手続き関係」、アルバイトなどの家計支援がある（蔭山 二〇二二：九六–九八頁）。

ケア負担の重さ

次にケア負担についてみていくと、やはりその負担の重さのほどが典型的にうかがわれるのは高齢の祖母のケアと病気の母親のケアを同時に担っていた友也さんの事例である。ありとあらゆるケアを一手に担うことにともなうその負担がまさしく膨大なものであることは、誰の目からみても明らかだからだ。だがさらにケア負担の大きさというこの論点にかかわる指摘としては、岡野による以下の洞察も見過ごせない。

一般的なケアは無限であるかのようであり、あらゆるわたしたちの営みがケアであるともいえるために、あまりに茫洋としている。他方で後者（看護、介護など）については、たとえば医療専門職については専門職として認められてきた歴史が長く、議論はあるにせよ、ケアに必要な態度や関係性、そして行為がある程度明確化されている。しかしながら、高齢者介護や障がい者介助、乳幼児の保育や子の育児については、ケアの受け手とケアの与え手との関係性のあり方によって、もっと具体的にいえば、そのケア関係が家族関係と重なる場合、専門職化されたケアワークとは異なる性格を帯びる。（岡野 二〇二四：九一一〇頁）*14

すなわち岡野が提示しているのは、「一般的にヤングケアラーのケア負担はケアワーカー（職業として有償でケアを担っているひと）の負担より重くなりがちである」という見方にほかならない。またそのうえで濱島による以下の指摘は、岡野が「そのケア関係が家族関係と重なる場合、専門職化されたケアワークとは異なる性格を帯びる」と述べている点をさらに敷衍したものといえる。

高齢の家族や障がいを有する家族の「介護」と言っても、それは身体的な介護だけでは終わらない。声をかけながら、随時、様子を見守り、身体的な介護もするし、その家族のために料理、洗濯、掃除もする。／福祉や医療のサービスを利用すれば、病院や施設とのやりとりも必要になる。時には話し相手になり、感情的に支えることもある。これらはすべて一連のものであり、切っても切り離せない。本来、介護とはこうした「全人的なケア」を意味するものである。（濱島 二〇二一：二二頁）

かくして以上の指摘もふまえると、ヤングケアラーにおけるケア負担については、あらためて次の

＊14 関連する指摘として、持田も以下のように述べている。「仕事として要介護者の世話をしている福祉や介護の専門職の方々は、要介護者の尊厳の保持と残存能力に応じて、ご本人が自立した日常生活を送ることを支えることを目的として世話をしている。身体の構造と介助方法を学び、精神面や心理面について勉強をして、国家資格を得て要介護者の世話をしている。……／無償で家族の世話をしているケアラーは、家族ができないことや必要としていることを代行することが多い。要介護者も、他人には遠慮をするが家族には遠慮をしないので、ケアラーは要介護者の要望を叶えることが目的となる。「主たる介護者」といわれているにもかかわらず、障害や病気に関する知識を得る機会は乏しく、介助スキルもなく心理面の作用も分からないまま、日々直面する出来事に無我夢中で対応するしかない。／このように、同じ「世話をする」という行為一つをとっても、専門職とケアラーでは全く異なる目的をもって世話をしているのだ」（持田 二〇二二：三六頁）。

ような見方ができるだろう。すなわち、まずその負担は——もちろんケースにもよるが——「ケアが際限のないものとなりかねない」という点でも過重なものとなりがちである。そしてまさにそれにより、心理面でのヤングケアラー問題が生じていると考えられる。つまり、このようなケア負担の過重さがヤングケアラーから身体的・精神的・時間的余裕を奪っている。その結果、学業や友人関係からの疎外がうまれ、彼女・彼らの不安や孤立感を深めている。さらには、友也さんの事例にもみられた、ケアからの解放が罪悪感に結びついているという事実こそ、かかるケア負担の過重さのほどをまさに物語っている、と。

ヤングケアラーの中核的な問題の構造

さて、では以上のケア責任・負担についての考察をふまえ、ヤングケアラーの中核的な問題を見直してみよう。すると、この問題の構造は、次のように、さらにクリアに見通せそうである。

まず「中核的な問題」とは、あらためていえば、「ヤングケアラーが担っているケア責任・負担は重く、その帰結としてヤングケアラーの生活にもさまざまな負の影響が生じているという問題」のことであった。だがこの問題に含まれる論点をさらに、「ヤングケアラーが担っているケア責任・負担は重い」という問題と「その帰結としてヤングケアラーの生活にもさまざまな負の影響が生じている」という問題——以下ではこれを「負の影響問題」と呼ぼう——とに分節して考えると、いわゆる「問題中の問題（最たる問題）」といえるのはやはり後者である。というのも誰もが「学業が滞る・友人関係が壊れる・自らの健康を害するといった負の影響が子どもに生じていることは端的に悪（道徳的によくないこと）である」と考えるからである。

また以上のうえで続けて、「負の影響問題」の原因にもあらためて目を向けてみよう。まずその原因は「ヤングケアラーのケア責任と負担の重さ」であった。だが前述のケア責任と負担をめぐる考察をふまえると、その主な原因はやはり「ケア負担の重さ」にあるということがわかるはずだ。なぜならケア負担の多寡は物理的な行為量と時間量に正比例するため、その負担が重くなればなるほど、ヤングケアラーの生活にはそのぶん負の影響が生じるといえるからである。よって私たちが「負の影響問題」を解決しようとするなら、やはりケア負担の解消・軽減にまずは努めなければならない。とはいえ、ただしこれは「その重要度の点でケア責任の重さはケア負担の重さに劣位する」ということを意味しない。というのもケア責任の重さは、たとえ「負の影響問題」の主原因ではないにせよ原因であることには変わりないからだ。したがって我々は「ケア責任をいかに解消・軽減しうるか（すべきか）」という論点も当然考慮にいれる必要があるが、しかしこれについては第4節にてあらためて現行のヤングケアラー対策の是非とあわせて検討したい。

3 「ヤングケアラーだからこその問題」と「ヤングケアラーならではの問題」

さて、ここまではヤングケアラーという経験とその中核的な問題についてみてきた。だが読者もすでに気づいているように、この問題はじつはヤングケアラーだからこそ生じている問題ではない。というのも「そのケア責任・負担の重さの帰結として生活に負の影響が生じている」という事態は、家庭におけるケアラーであれば大人であっても、つまり年齢の違いに関係なく、起こりうるからだ。さて、ではそうすると「ヤングケアラーだからこその問題」はそもそも存在しないのか。結論からいえば、そのような問題は存在する。さらにはヤングケアラーに「固有の」とはいえないまでも、彼女・彼らに「顕著に認められる問題」という意味で「ヤングケアラーならではの問題」もまた存在する。ではそれぞれはどのような問題なのか。

「ヤングケアラーだからこその問題」

まずヤングケアラーに固有である「ヤングケアラーだからこその問題」とはどのようなものか。ここで想起してほしいのは前節で紹介した外国にルーツをもつ親と家族のケアをしていたMの事例である。この事例では「弟の学校にかかわることはすべてMが引き受けている」と述べられていたが、むろんこれだけではMが具体的にどのようなケアを担っているのかは不明である。そこで原の説明に依拠すると、まず移民家族におけるヤングケアラーが担うケア役割には、（1）身体的ケア、（2）精神的ケア、（3）物質的・経済的ケア、（4）言語的・行政的ケアの四つがある。さらに原によれば、このなかで親よりも日本語力が高い移民家族のヤングケアラーに特徴的なケアは「言語的・行政的ケア」であり、これは具体的には「学校や役所での手続き、在留資格の更新など」をするさいに通訳や書類の記入を親の代わりにおこなうといった行為をさす（原 二〇二一：四八-四九頁）。すると、事例の文脈から推測しても、Mが一手に担っているとされる「弟の学校にかかわることはすべて」もまさにこのタイプのケアに該当すると考えられる。

ただし以上のうえで、移民家族のヤングケアラーが担っている「言語的・行政的ケア」という役割は、原も指摘しているように、コーダ（CODA：Children of Deaf Adult(s)）と呼ばれる「きこえない親をもつきこえる子ども」であるヤングケアラーが担っている役割と同種でもある（原 二〇二一：四九頁）。よって中津が以下で指摘するコーダのヤングケアラーに起きているとされる問題は、移民家族のヤングケアラーにも生じている可能性がある。

コーダの通訳の役割は、ときに親子関係にまで影響を及ぼすことがある。……通訳が子どもであるコーダに判断まで求められるような責任ある役割であれば、parentified child（親のように振る舞う子ども）になってしまう……コーダにとって大人が担うようなケア責任を負うことが日常的になりすぎてしまうと「親を守る」気持ちを抱くことになり、親子で役割が逆転する関係に陥る例がある……コーダの親子では、親がコーダを通訳者として頼り、コーダが親を守るといったある種、依存的とも取れる関係性がコーダの幼少期から生じてしまい、それが永続することもある。役割逆転型に該当した、あるコーダはこのように語った。……親に心配かけさせないってのがずっとあったから、自分で全部消化して、全部自分で決めてできることは行動する、できないことは諦めるってことを繰り返して、大人になりました……ただし、役割逆転型のコーダの親子であっても、通訳というケアを軸に、常に「ケアをする側・される側」に二分されているわけではない。コーダは……親にその情報を伝達する側のいわば情報強者の立場になり得る存在であるが、一方で親に養育される「子ども」でもある。言い換えれば、日常生活を営む中では、親は親役割を果たし、コーダは親に育てられ守られるが、コーダが通訳を担う瞬間のみ、コーダの立場が上位に逆転する不安定な関係性なのである。親子の立場が固定化されないことにより、コーダの側にストレスが生起され、親に対する種々の感情の揺れ幅が大きくなることも推察できる。(中津 二〇二二:七一-七二頁)

かくして、いうなればコーダのヤングケアラー同様に移民家族のヤングケアラーに生じうる問題とは「親子の役割関係の逆転等とそれにともなうストレスの問題」にほかならない。そしてこの問題はまさにヤングケアラーだからこそ生じているものだから、まさしく「ヤングケアラーだからこその問題」といえよう。

「ヤングケアラーならではの問題」

では次に、ヤングケアラーに顕著に認められる「ヤングケアラーならではの問題」とはどのようなものか。私の考えでは、これに該当しうる問題は、少なくともふたつある。

ケアからの逃れがたさ

ひとつは「ケアからの逃れがたさ」に起因する問題である。大人と違って子どもは、そもそも自立する術をもたない——あるいは、きわめてもちにくい。そのため子どもは、大人よりも、家庭から、したがってケアからも逃れがたい。またその意味では、子どもにとって家庭とはまさに世界にほかならず、そこに外部はない、つまりオルタナティブな世界も存在しない。[*15] そしてこのような世界・家庭・ケアからの逃れがたさが、ヤングケアラーの孤立感や罪悪感を大人のケアラーのそれより深淵なものにしている。さらにそうして刻みこまれた「傷」の痕跡はヤングケアラーのアダルト・チルドレン化という問題をうんでもいる。[*16]

ケアの両義性

もうひとつは、ケアの価値にかかわる問題である。すなわち、まずすでにみたとおり、ヤングケアラーが担っているケアの責任・負担は重く、その意味でケアという行為は本人にとってネガティブな価値をもつ。しかしその一方で、次のような注目すべき事実もある。それは、ヤングケアラー論に目を通していると、ヤングケアラー自身の実感として、そのケア経験がもたらすポジティブな価値を強調する語りが散見されるという事実である。ではそのポジティブな価値とはどのようなものか。たとえば、多系統萎縮症という難病を得た母を中学三年生の頃から現在もケアし続けているヤングケアラーは次のように述べている。

＊15　この点については村上も以下のように指摘している。「彼ら〔ヤングケアラー〕は出口の可能性も、SOSの可能性も持たない。そして自分を守るはずだった親が倒れるときには、世界全体が壊れるというような感覚を持つのだろう。あるいは世界が壊れる前に、必死に修復しようとする人にも出会う。単なる〝お手伝い〟ではない、このどうにもならない感覚は、ヤングケアラー固有のものかもしれない」（村上 二〇二一：三三〇‐三三一頁、補足は引用者による）。

＊16　この問題については、信田（二〇二一）や中村（二〇二二）を参照してほしい。

綺麗事かもしれないけれど、病気になったあとも母は身をもって僕に大切なことを教えてくれた。それは、身近な人の命について考えるということや、自分の人生と真剣に向き合うということ。たとえば、「寝たきりの母の生きがいは何だろう」「人生における介護の価値って何だろう」「責任とは何だろう」「そもそも家族って何だろう」「最愛の人が重い病にかかったら、自分はどうするのだろう」などなど、母のケアをする過程でたくさんの問いと長年向き合ってきた経験が、人生の糧となり、僕にとってかけがえのない財産となっている。……家族と懸命に向き合い、ケアを通じて数多くの壁にぶつかり、悩み苦しんだ。自分の人生は何なんだろうと問い続けながら、自分だけでなく家族の人生についても問い続けた。そして答えがない中で、自分なりの最適解を見出し、めげずに乗り越えてきた。こういった経験から培った能力を、何らかのかたちで社会に還元できるとは考えられないだろうか。もちろん、目に見えないし定量化しづらい能力だと思うので、社会がすぐにそれを受け入れることは難しいのかもしれない。それでも僕は、家族のケアの経験も含めて活躍できるような社会になると信じているし、だからこそ、そのような社会を実現すべく、これからもこうやって自身の経験を伝えていきたいと思っている。（宮崎 二〇二〇：三九‐四〇頁）

またさらに当事者のみならず、ヤングケアラーの経験について聞き取りを重ねてきた研究者らも、そのケアの価値を次のように強調する。たとえば澁谷によれば、「〔ヤングケアラーが〕家族のケアをしたという現実はあり、その時にしんどさを感じたことも事実だが、ヤングケアラーの経験はそれだけでは終わらない。若い時にケアを担ったことは、現在の自分を作っている大事な部分にもなっており、自分のその後の人生を選ぶ時のさまざまな選択につながっている。仕事に活かされている部分もあれば、自分が親しい人と接する時に何を大切に考えるか、というところにもつながっている。多くのヤングケアラーは、ケアをマイナスのこととしてのみ捉えてはいない。少なくとも、家族のケアをすることを「必要なこと」あるいは「意味のあること」と考えていたからこそ、自分に課せられたケア責任を放り出さずに、それを長年になったという実態がある」（澁谷編 二〇二〇：四-五頁、補足は引用者による）。また持田によれば、「こどもにとって大切な家族の世話をすることは、自分にしかできないことだ、という誇りがあり、責任感も強い。うまく介助ができたときには達成感もある」（持田 二〇二二：三三頁）。さらに濱島によれば、ヤングケアラーがそのケア経験をつうじて身につけている「素晴らしい価値」とは具体的に以下のものをさす――「障がいや病気に関する知識や家事のスキル、介護のスキル」「つらい状況でもやり抜く強さ」「他者の気持ちを汲み取ることに長けている」「心の底から優しい」「他の人の期待に応えようと精一杯努力する」（濱島 二〇二一：一六五頁）。

では、以上で語られているケアの価値の特徴はなにか。まず、それは「達成感」のように「本人にとって利得がある」という意味での価値だけでない。むしろその多くは、「責任感」「忍耐力」「優しさ」など、「利他的である」という理由から価値があるといいうる。すると、ここで強調されているケアの価値は「道徳的価値」であるといえるため、ここではそれをまずは「ケアの善」と呼ぼう。[*17]だ

＊17　一般に「価値」とは「対象が備える性質のなかでポジティブに評価されるもの」をさす。ただし倫理学においては、「道徳的価値（道徳的な観点からポジティブに評価される性質）」を他の価値と区別して「善」と呼ぶことが多い。

が、そのうえでさらに注目すべきは、これらケアの善がいわゆる一過性のものではなく、むしろケアをなんども繰りかえすことによってしだいにそのひとの身についていったものであることだ。そうすると、このケアの善はさらに「ケアの徳」と呼ぶのがふさわしい。[*18]

かくして以上のように、ヤングケアラーにおけるケアは、ネガティブな価値としてのみならず、「ケアの徳」とも呼びうるポジティブな価値もあわせもつ、両義性を有する行為（経験）としてとらえうる。だがこのように、ケアのネガティブな側面に比してポジティブ側面を強調する当事者や関係者の語りを、少なくとも私は大人を対象とするケアラー論ではほぼみかけたことはなく、これが必ずしも私の管見によらないとすれば、かかるケアの両義性も「ヤングケアラーならではの問題」に含めてよいだろう。

4　ヤングケアラー問題についてどう考えるべきか

以上、第2節では「ヤングケアラーという経験とその中核的な問題」について、また第3節では「ヤングケアラーだからこその問題」と「ヤングケアラーならではの問題」について、それぞれ考察してきた。そしてそれらの問題は、あらためてしめせば、次のようなものだった。

(A) ヤングケアラーの中核的な問題：そのケア責任・負担は重く、その帰結として生活に負の影響が生じているという問題

（B）ヤングケアラーだからこその問題：コーダのヤングケアラーや移民家族のヤングケアラーにみられる、親子の役割関係の逆転等とそれにともなうストレスの問題

（C）ヤングケアラーならではの問題：（C-1）孤立感・罪悪感・アダルト・チルドレン化など、ケアからの逃れがたさに起因する問題 （C-2）ケアの両義性という問題

ではこれらの問題に私たち（社会）はどのように向き合うべきか。すなわち、ヤングケアラーの発見以後、行政を中心にその支援体制が整えられつつあるが、それらはどのような状況にあり、また現状の対策で十分なのか。今後さらに必要となる支援や、そもそもそれらの対策において看過されている論点はないか。以下ではこのような観点から、（A）から（C）の問いをめぐり考察してみたい。

だがその考察の前に重要な論点についてふれておく。まず後にもみるように、現状のヤングケアラー対策はいわゆる「支援ベース」である。しかし、子どものなかにはヤングケアラーであるという自覚がそもそもないために、支援とつながれていない者も存在している。むしろ昨今ではヤングケアラーの存在について認知がひろがり社会問題化するにつれ、その問題のいわば原因として自分たち

＊18 「徳」もまた倫理学の概念であるが、これはそもそも「卓越性（人間以外のものも含む対象が有する優れた性質）」をさす。ただし古代ギリシアでは、人間の卓越性は各人物の「性格の特徴（そのひとの行為の仕方、感情の持ち方、欲求の持ち方などの傾向）」にあらわれると考えられており、なかでも「道徳的に優れた（賞賛にあたいする）性格の特徴」が「徳」と呼ばれていた。またアリストテレスは、徳は道徳的な行為（経験）の反復をつうじて形成される——行為はその人物の性格として定着する——と考えた（アリストテレス 二〇一五）。

の大切な家族が批判対象となるのを避けるために、ヤングケアラーとして名乗りをあげることに抵抗を感じている子どもさえいる。[*19] したがって、たとえヤングケアラーの境遇を慮るあまりにであれ、他者がその親を責める行為は、かえって彼女・彼らを支援から遠ざけかねず、つまり逆効果となる可能性が高いため、厳に慎まねばならない。

では考察に移ろう。まず現行のヤングケアラー支援の主なターゲットは、もちろん、ヤングケアラー問題の本丸である（A）の解決である。とはいえ、この問題を解決すべく現在進行形で展開されている支援の取組みは、その温度差の点でまだ自治体によりばらつきがある。ただし、その支援の枠組みは概ね、以下にみるような「相談」と「公的サービスの提供」から成っている。

相談について

まず「相談」とは、具体的には主に「スクールカウンセラーへの相談」「スクールソーシャルワーカーへの相談」「ピアグループにおける集い」をさす。またこのうち「スクールカウンセラー」と「スクールソーシャルワーカー」、それぞれの相談機能の違いは、前者がヤングケアラーの心理面でのケアを本務とするのにたいし、後者はさらに社会福祉への橋渡し役も担っている点にある。そしてこれら相談機能は、（B）と（C-1）の解消に一定の役割をはたしうる点で評価できる。ただし、その役割をよりよく果たしうるためには、「ピアグループにおける集い」というかたちでの支援がさらに重要となる。なぜなら、こうした当事者による集いの場は、家庭という閉域のいわば外界としてヤングケアラーがその身を寄せることができるアジールとしての役割を果たしうるからである。

公的サービスの提供について

次に「公的サービスの提供」とは、具体的には主に「ヘルパーや訪問看護師の派遣」をさすが、これらは部分的には先述の「相談」と地続きの関係にある。というのもスクールソーシャルワーカーを介してヤングケアラー（とその家庭）が社会福祉とつながり、そのうえでケアマネジャーが作成したケアプランにもとづきヘルパーらの派遣がなされるからである。そしてこの支援は、ヤングケアラーが担っているケアを代替してくれるものであるため、（A）の問題の解消にダイレクトに貢献し、それゆえ評価できる。よって、医療的ケアなど責任の重いケアを軽減するうえでも、また家庭におけるケアを際限のないものとしないためにも、このようなケアの代替化のさらなる進展は不可欠である。

とはいえ、ただしその機能は、現状においてはさらに改善の余地がある。すなわち第一に、これらのサービスの対象は、あくまで病や障害の当事者であるケアを必要とするひとであり、そのケアをしているひとではない。したがって、このサービスはヤングケアラーを間接的に支援しているとはいえても直接支援しているとはいえない。[*20] だがこのような支援のありかたは、ケアするひともまたケアを必

*19　たとえば澁谷によれば、「「ヤングケアラー」という言葉は、子どもの側がケアをしていることにのみ焦点を当て、親が自分をケアしてくれている面を見えにくくする」（澁谷編 二〇二〇：五頁）。また濱島によれば、「子どもが学校に来ない、言動や態度が思わしくない、家で食事を出してもらっていない、家が散らかっている。私たちの社会は、そういう状況をみると、すぐに親を責める傾向がある。しかし、ヤングケアラーたちは親を批判されることには強い傾向を示すことが多い」（濱島 二〇二一：三〇頁）。

*20　こうして澁谷によれば、「ヘルパーは、ケアが必要な人のための家事しかすることができないという規定があり、たとえばおばあちゃんの衣類の洗濯はしてもヤングケアラーやお父さんの衣類は洗濯できない」といったこ

要とするという認識を欠いているため、改める必要がある。[*21] また第二に、公的サービスの提供はヤングケアラー支援という範疇におさまるべきではない。その対象および射程は、さらにケアをしている家族の直接的な支援にまで拡大・拡充されるべきである。[*22]

ケアの両義性について

さて、ここまでみてきたように、ヤングケアラー対策の現状はまだ十分なものとはいいがたい。したがって今後はヤングケアラーの経験とニーズの掘り起こしとあわせて、その支援もよりいっそう強化されねばならない。とはいえ、そのようにして将来（最終）的にはヤングケアラーのケア責任・負担がすべて解消されるのは果たして望ましいことなのだろうか。じつは少なくとも私はそうおもわない。そしてその理由は（C-2）「ケアの両義性」と深くかかわっている。どういうことか。

まずあらためてこの問題は、ヤングケアラーにとってケア経験はネガティブな価値のみならずポジティブな価値ももつという問題であった。そして後者のポジティブな価値は「ケアの徳」とも呼びうるものだった。さてしかし、あらためて考えてみると、この両者はじつはトレードオフの関係にあることがわかる。

まずいうまでもなく、ヤングケアラーの支援の目的はケアのもつネガティブな価値の解消、つまりそのケア責任・負担を削減することにある。だがその結果として、もしケア責任・負担が軽くなりすぎたならどうなるだろう。この場合にはむろん、ケアの善も消失するであろう。というのは、やはり自らが担うケアにそれなりの責任や負担がともなわないと、その経験から達成感をえられないのはもちろん、その行為の反復をつうじて「責任感」「忍耐力」「優しさ」といった徳が養われることもないはずだから。すると、なにより他ならぬヤングケアラー自身がその身についたケアの徳を誇りにおもっているという事実をふまえたうえで、さらに私たちも「ケアの徳はやはり大切である」と考えるなら、ケアとは次のような行為でなければならないはずだ。すなわち、まずそのケアは「しなければならないこと」ではない。というのもケアが絶対的な義務になれば、その責任・負担も重くなりすぎるからだ。とはいえ、そのケアは「するとよいこと」にとどまるものでもない。これでは、ケアは善行に、つまり「してもしなくてもよい行為」となってしまい、その責任・負担がなくなりすぎるからだ。したがって、以上のようにいえるなら、そのケアはいわば「しなければならない」と「するとよい」の中間にあたる行為であるのが望ましい。すなわち、いうなれば「すべきこと」であるような行

とが生じているし、生じうる（澁谷 二〇二二：一一八頁）。

＊21 たとえば先進的な支援の事例として、群馬県の高崎市では、ヤングケアラーの中高生がいる家庭に無償で家事などを代行するサポーターの派遣をおこなっている（高崎市ホームページ）。

＊22 この点については、村上による以下の指摘が示唆に富む。「本書に登場する多くの場面は、少し前なら「ネグレクト」とラベリングされただろう状況だ。しかし本書が示してきたのは、親自身も大きな困難を強いられており、それゆえに生活が難しくなったことだ。親が責められるべきではないし、親への支援こそが、ヤングケアラーにおいても虐待においても鍵となる。きょうだいをケアするヤングケアラーについても例外ではないだろう。各家庭によってニーズがまったく異なるが、生活支援から心理的支援までさまざまなサポートがありえるだろう。おそらく、アウトリーチによる生活支援や同行支援といった長期にわたる伴走型支援が親支援として重要となる」（村上 二〇二二：三三二–三三五頁）。またこのように改善が進めば、前述したヤングケアラーという名乗りへの抵抗問題も解消へ近づいていくだろう。

為として。そしてこのような「すべきこと」としてのケアは、具体的には「お手伝い」には収まらない行為（経験）となるであろう。

5　おわりに――誰もが「すべきこと」としてケアする社会へ

以上本章では、ヤングケアラーという存在、その経験と問題、それらの問題と私たちはいかに向きあうべきかについて論じてきた。ではそれをふまえてさらに、今後我々が向かうべきケアと社会の未来をどのように描きだすことができるだろうか。本章を閉じるにあたり、そのデッサン（試論）のようなものを以下に提示しておこう。

まず折にふれて指摘したとおり、ヤングケアラーの問題の多くは大人のケアラーにもあてはまる。したがって斎藤も指摘するように、今後のヤングケアラー支援は「子どもと若者とを接続させるだけではなく、親を含めた大人のケアラーへと続く、全世代の包括的な〈ケアラー支援〉」（斎藤 二〇二二：四七頁）へ、なりゆく必要がある。ただし、多くの論者も指摘しているように、日本の福祉制度はいまなお「自助」によるケアを前提とする家族主義を基調としている。現在進行中のヤングケアラー対策が、あくまで支援ベースにとどまっているのもまさにそのためなのであろう。しかし、いうまでもないが、ケアなくして我々の生存と生活は短期的にも成りたたない。よって万人に必要なケアを保障するため、ケアの社会化は今後さらに強力に推進されねばならない。ただし問題はその方法である。すなわち、まずは結論から手短にいえば、私たちが今後めざすべきは、誰もが「すべきこと」

としてのケアを担う、そのようなかたちでのケアの社会化であるべきだ。このように私は考えているが、その論拠は次のとおりだ。

まず私がヤングケアラーに教えてもらったこと。それは、ケアがたんに必要なものにはとどまらないということ。すなわちケアという営み（経験）は、その担い手だからこそ得られる（知りうる）善もまた内包しているということ。そしてケアの徳は、自らケアを実践しないかぎり、育まれないということ。

そしてこれらのことを教わったことで、私は冒頭でふれた疑問にも答えられるようになった。すなわち看護職志望者のなかに家族など身近なひとが傷病に見舞われたり障害を得たりといった経験をもつ若者が少なからずいるのは、おそらく彼女・彼らが多かれ少なかれヤングケアラー的な体験を有しているからではないか。そしてその経験をつうじて身につけたケアの徳を「看護」というかたちでさらに他者や社会のために発揮したいと考えているからではないか、と。

またさらにケアの徳を養うには自らケアしてみなければならないということにかんしては、看護師ではない私にとってはケアなる営みについてさまざまことを教えてくれる先生でもある教え子の看護学生たちからも学んでいる。というのも患者のことを「ケアしなければならない（気にかけねばならない）」と長期の病院実習にでていった彼女・彼らの多くは、実習後もずっと受けもった患者のことを「ケアしている（気にかけている）」。このように学生らがケアマインドを備えたひとへなりゆくという変容は実習中に重ねたケアという経験がもたらしたものに違いないと、私は半ば確信しているからだ。

だが、このようにケアが善で、さらに徳でもあるなら、その担い手はやはりケアを必要とする家族がいるケアラーや、そのケアを代替するケアワーカーといった特定の人々にとどまるべきではない。むしろ——先に手短に述べた結論をあらためて丁寧にいいなおせば——我々が今後めざすべきは、それを担う能力さえあれば、誰もが「すべきこと」としてのケアを担う、その意味で「ケアにみちあふれた（care-full）社会」であるべきだろう。[*23]

* * *

【読書ガイド】

・濱島淑恵『子ども介護者——ヤングケアラーの現実と社会の壁』角川新書、二〇二一年〔解題〕新書なのでハンディではあるが、多角的な観点からヤングケアラーという事象（ひと・経験・社会的背景）とその問題を詳らかに教えてくれる内容の濃い一書。よってヤングケアラーにかんして一通りのことを知りたいなら、この本を最初に手にとるとよい。

・木下衆『家族はなぜ介護してしまうのか——認知症の社会学』世界思想社、二〇一九年〔解題〕大きな負担でもあるはずの認知症患者の介護になぜ家族はコミットしてしまうのか。その謎を解くカギは、家族こそ「患者個々人の「その人らしさ（personhood）」に関する知識」を有している点にある。こうした本書の問いと洞察は、ヤングケアラーとその家族の問題を考えようとするひとにも多くの示唆をもたらしてくれるはずだ。

・岡野八代『ケアの倫理——フェミニズムの政治思想』岩波新書、二〇二四年〔解題〕「ケアの倫理 the ethics of care」と呼ばれる倫理思想を著者の専門である政治思想とフェミニズム理論と対照させながら彫琢してきたフロントランナーによる概説書。そもそもケアとはどのような営みであり、あるべきなのか。この本質的な問いを考えるにあたり、本書はよき導きの糸となってくれるだろう。

*23 そしてもしこのようなかたちでケアの社会化が進めば、その延長線上には、グレーバーが構想するようなオルタナティブな社会が到来する可能性すらあるのかもしれない。「最良の人間がどのような条件においてつくられるのか――すなわち、友人や恋人、仲間や市民として共にありたいという気持ちを抱かせるような人間をつくりだすために社会はどのようにあるべきなのか……人間の生活とは、人間としての私たちがたがいに形成し合うプロセスである。極端な個人主義者でさえ、ただ同胞たちからのケアとサポートを通してのみ、個人となる」（グレーバー 二〇二〇：三四二―三四三頁）。

第4章　人間の義務としての高齢者介護
――尊厳・親切・感謝のコミュニケーション

年齢を重ねるなかで、私たち人間のだれもが介護をしたり受けたりする当事者になりうる。人間につきものであるはずの高齢者介護は、それにもかかわらず、解決を要する問題として語られがちだ。本章では、哲学倫理学の立場から高齢者介護そのものを考察することで、高齢者介護という「問題」について考えたい。

哲学倫理学の研究者であり、介護福祉につうじているわけでもない私が、なぜ高齢者介護というテーマを取り上げるのか。それは、私の母がその実母（つまり、私にとっての祖母）の介護という「問題」と格闘しているのをそばで見てきたからにほかならない。

祖父の亡き後、ひとり暮らしを続けていた祖母が認知症を発症したらしいことにいち早く気づいたのは母だった。電車で一時間ほどの距離とはいえ離れて暮らす高齢の母を心配し、毎日のように電話をかけていたからこそ気づくことができたのだろう。しかしながら祖母自身には認知症を患った自覚はなく、ひとり暮らしを継続すると言ってきかない。そこで母は仕事を辞め、毎日のように祖母の様子を見にいくようになった。同時に介護サービスの利用を開始し、祖母の生活を近くでサポートしてもらうようにもした。いま祖母は、認知症が進行し、別居での介護も限界に達したため、介護付き有料老人ホームで暮らしている。それでも、祖母になにかあれば、施設からの連絡を受けるのは決まって母だ。母の介護は間接的ながらもいまなお続いている。

祖母の介護において、その娘である母がきわめて大きな役割を担っている。しかし、介護はこのような個人的な「問題」であってよいのだろうか。そもそも高齢者介護は、だれにとっての、どのような問題としてとらえられるべきなのだろうか。この問題解決に乗り出すべきはだれなのだろうか。こうした問いに向き合うにあたって参照したい思想家はイマヌエル・カント（一七二四－一八〇四）である。カントは現代の主要な倫理理論のひとつである義務倫理学を打ち立てた。とはいえ、現代社会の問題を考えるときに、一八世紀の思想を手がかりにしようとすることには違和感がもたれるかもしれない。しかし本章でみていくように、カントの義務倫理学は私たちに、高齢者介護に当事者として取り組むときの姿勢を教えてくれる。カントは高齢者介護そのものを論じたわけではないが、尊厳や感謝をめぐる彼の思想は、現代に生きる私たちが高齢者介護を考えるときに新しいパースペクティブを提供してくれるだろう。

1　高齢者介護という「問題」

一般に高齢者が介護を受けるのは、老人ホームなどの施設（施設介護）かそれまで住んできた自宅（在宅介護）かのいずれかである。住み慣れた環境のなかで介護を受けられる在宅介護は、介護を受けるひとにとってのメリットが大きい。そのため、日常生活を送るにあたって介護を受ける必要度合いが低いうちは在宅介護が選択されることも多い。

では、この在宅介護はだれによって、どのように行われているのだろうか。その実情を確認しよう。次のページの円グラフは、介護保険法で要支援あるいは要介護と認定された在宅のひと（以下、「要介護者等」と略記）、つまり在宅介護を受ける高齢者の介護をおもに引き受けているひとの割合を示したものである。厚生労働省が二〇〇一（平成一三）年と二〇二二（令和四）年に実施した「国民健康基礎調査」を参考に私が作成した。[*1] 二〇二二年の調査結果を取り上げるのは、これが執筆時点で最新のものだからである。それから二〇〇一年の調査結果を取り上げるのは、本調査のなかに「要介護者等と主な介護者の同別居の状況や要介護者等と同居の主な介護者の続柄」という項目が含められるようになったのがこの年からだからである。

まず二〇二二年の円グラフを見てみよう。大きい方の円グラフからは、在宅介護の担い手として最も多いのは同居の家族であることを確認できる。その内訳を示す小さい方の円グラフによれば、具体的には、要介護者等の配偶者か実子によって介護されている割合が高い。これより断然少ないものの、別居の家族によって介護が行われている場合もある。同居と別居を合わせると、在宅介護のじつに六〇％弱が家族によって担われていることがわかる。

次に、二〇〇一年の円グラフに目を移そう。在宅介護の担い手がおもに同居の家族であること、そのなかでもとりわけ要介護者等の配偶者か実子かによって行われていることは、二〇二二年と変わらない傾向であることがみてとられる。しかし、二〇〇一年には、同居と別居を合わせた家族介護の割

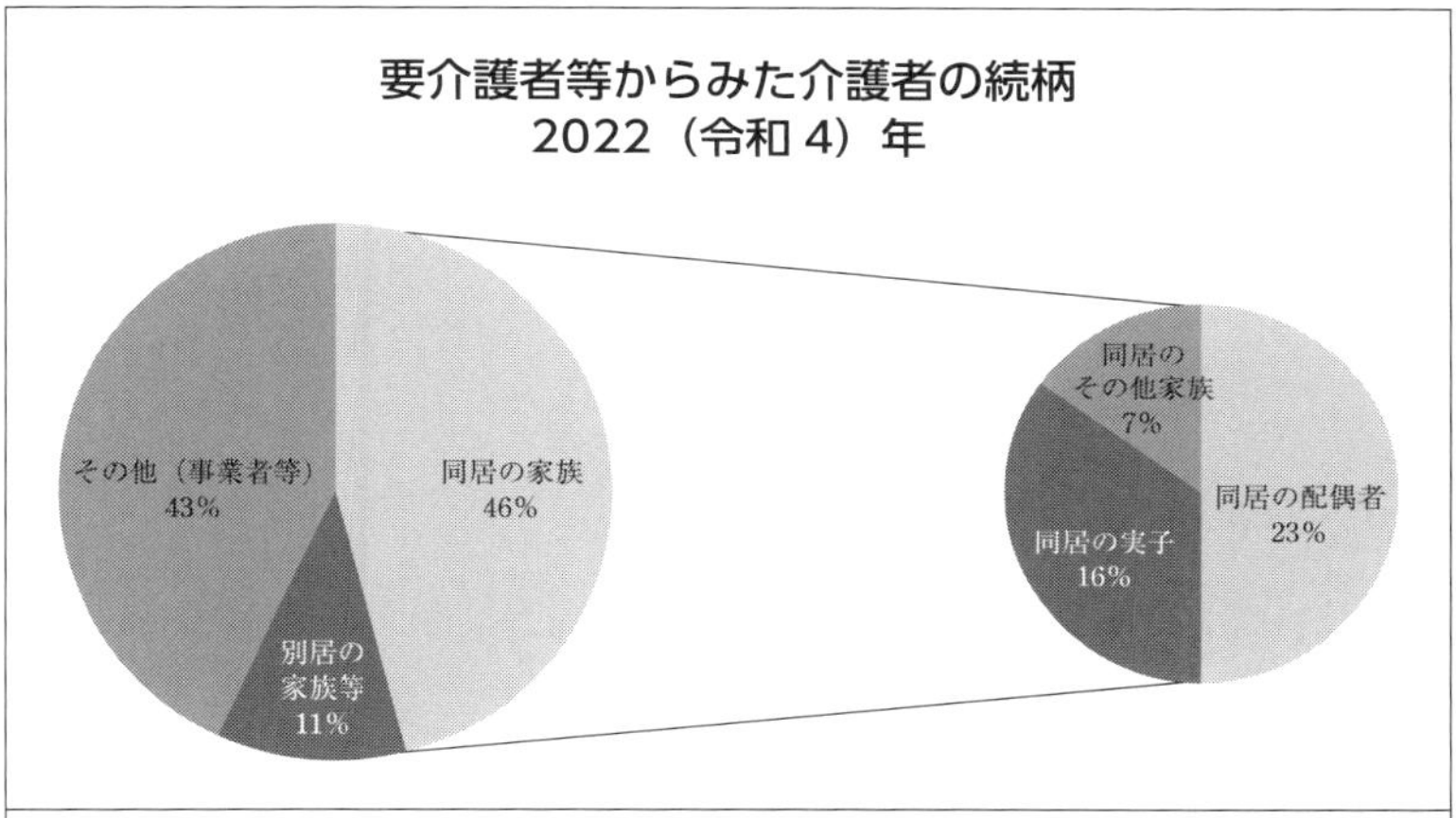
要介護者等からみた介護者の続柄
2022（令和 4）年
その他（事業者等）
43%
同居の家族
46%
別居の
家族等
11%
同居の
その他家族
7%
同居の配偶者
23%
同居の実子
16%

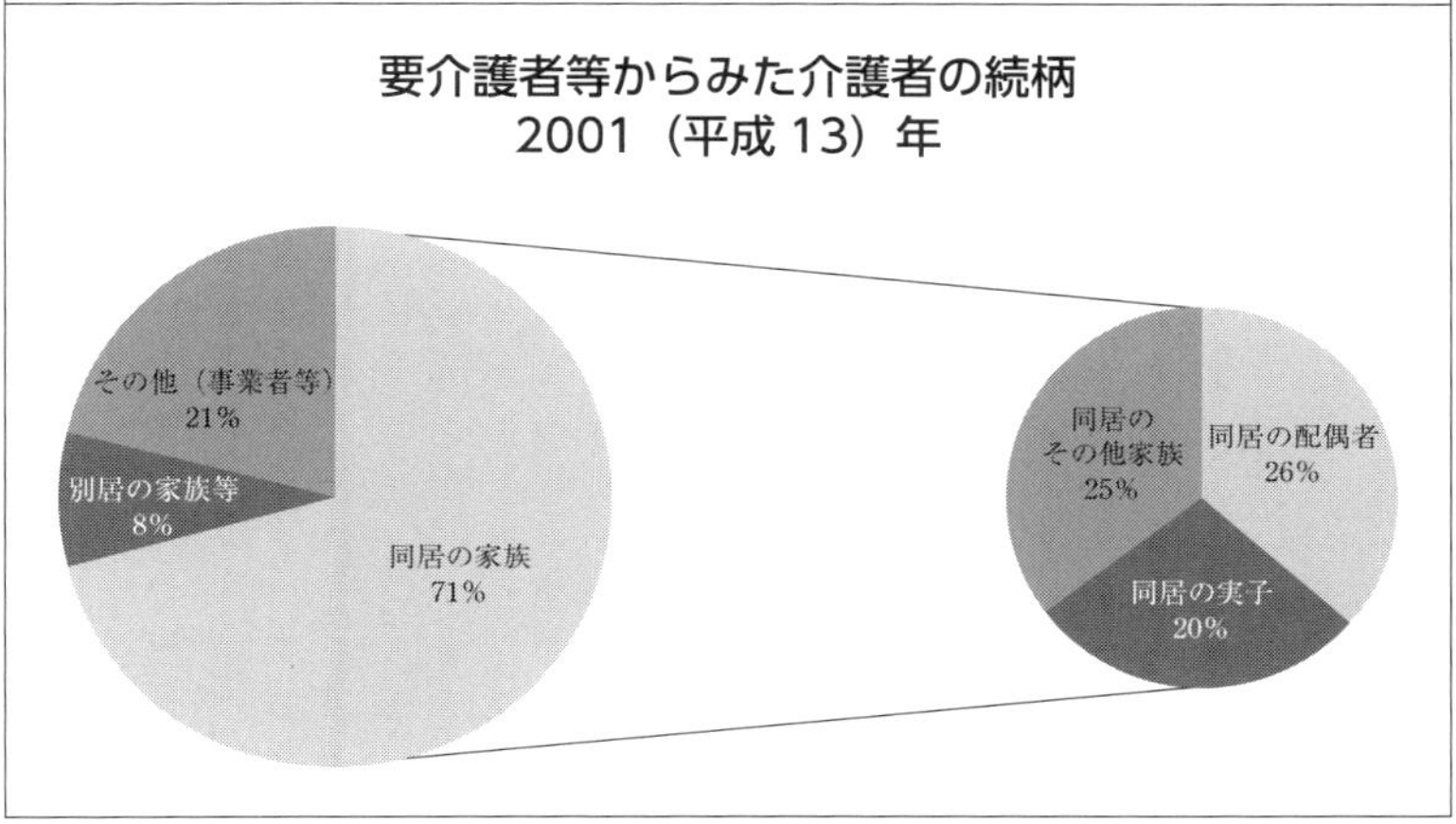
要介護者等からみた介護者の続柄
2001（平成 13）年
その他（事業者等）
21%
別居の家族等
8%
同居の家族
71%
同居の
その他家族
25%
同居の配偶者
26%
同居の実子
20%

合は八〇％弱にものぼっていた。現代にいたるまでその割合はゆるやかにではあるものの低下してきたのだ。

ここで注目したいのは、家族介護のうち、別居の家族による在宅介護が占める割合が増加している点である。その背景のひとつとして、家族の形の変容を指摘することができるだろう。ふたたび国民健康基礎調査を参照しよう。それによれば、二〇二一年現在、日本で最も多い世帯は単独世帯であり、そのあとに夫婦と未婚の子のみの世帯が、さらに夫婦のみの世帯が続く。二番目に多い、夫婦と未婚の子のみの世帯に育った子が独立することで、単独世帯と夫婦のみの世帯とに分かれる。別居の家族による在宅介護の一例が、この夫婦、すなわち老親が要介護者等になったときに、そこから独立して単独世帯を形成している実子が介護する事例なのだ。この実子が結婚すれば夫婦のみの世帯を形成したり、夫婦間で子をもうければ夫婦と未婚の子のみの世帯を形成したりすることになるが、別居の家族による介護である点に変更はない。

このように、別居の家族による在宅介護の割合が増加しているのは、一方で家族の形の変容に伴う必然的なものといえよう。しかし他方で、同居と別居とを問わず、介護は家族がするものだという信念の現れとも理解できる。実際に日本では、要介護者等について最もよく知るだろう家族こそが要介護者等のためになる介護を行いうるという想定のもと、家族介護が望ましい高齢者介護のありようとして描き出されることがある。そしてこの理想にしたがって、家族介護者は要介護者等のためにできるかぎりのことをしようとする。この理想像はまた、家族介護をしない、あるいはできないひとに後ろめたさを感じさせる要因にもなる。

しかし、いうまでもなく、在宅介護に携わる家族にはさまざまな負担がかかる。ひとつは肉体的負担だ。入浴、排泄、移乗（ベッドから車椅子へ、車椅子から便座へ、など別の場所に座り変えること）といった身体介護や、掃除、洗濯、買い物、調理といった生活援助がそこには含まれる。肉体的負担はさらに、このような要介護者等の生活に直接かかわる場合でなくても生じうる。たとえば、要介護者等が徘徊することを心配して夜間にも見守りをすることがあるなら、家族介護者は睡眠不足になるだろう。これもまた介護に起因する肉体的負担である。

家族介護者には精神的負担もかかる。要介護者等のかつての姿をよく知っている家族にとって、身体機能や認知機能が低下し、快適に生きられるように周りが配慮しなければならなくなった要介護者等の現在の姿は戸惑いや落胆を覚えさせるものだろう。年齢を重ねることでだれもが介護を要するようになりうると頭では理解していても、そう簡単に割り切れるものではない。しかしそれでも、家族介護者は不自由になっていく要介護者等を心配し、このひとのためにできるかぎりのことをしようとする。なぜなら家族介護者にとって、要介護者等は大切なひとだからである。ここから読み取ることができるように、家族は要介護者等を思いやる温かな気持ちと、だからこそ湧き上がってくる、要介護者等を心配して落ち着かない気持ちの二つの相反する気持ちを抱えながら介護をしている。

家族介護者はまた、要介護者等に配慮し介護をしたところで、その成果がみえにくいために滅入ってしまうこともある。病人を看護する場合には、必ずというわけではないにせよ、快方に向かってい

＊1　本グラフは、要介護者等からみた主な介護者の続柄の割合とその変化を視覚的に把握することを目的としている。正確な調査結果は厚生労働省のＨＰで確認してほしい。ＵＲＬは巻末の引用・参考文献を参照のこと。

くことが多い。しかし高齢者介護においては、要介護者等がその身体機能や認知機能を取り戻したり、新たに機能を得たりすることは少ない。そのため家族介護者は介護をつうじて無力感や徒労感をもってしまう。家族介護者はしかも、要介護者等に対してそのような感情をもっている自分自身にも落胆を覚えるといった複雑な感情におそわれる。

それだけでなく、家族介護者は要介護者等の感情をも受け止めなければならない。要介護者等本人もみずからの変化に戸惑い、不安を抱えているのだ。家族介護者は要介護者等からその苦しみを打ち明けられたとき、みずからの戸惑いや落胆を隠しながら、要介護者等の苦しみをくみ取り、要介護者等の気持ちに寄り添おうとする。家族介護者は大切な要介護者等を心配し、要介護者等について最もよく知る家族が突き放すようなことをしてしまっては、要介護者等の生活がいっそう不自由で不快なものになってしまうかもしれないという重荷を背負う。

この重荷が責任と呼ばれるものである。責任を感じるがゆえ、家族介護者は、要介護者等に薬を飲ませ忘れてはならない、入浴介助中に要介護者等を転倒させてはならない、などと気を張る。いや、要介護者等の生活にみずから責任を負った家族介護者は、服薬や入浴介助といった一時ではなく、つねに気を張り続けることになる。起床すれば、就寝中に要介護者等になにも起こっていないかと案じる。要介護者等が歩き出せば、転倒しないかと気をもむ。要介護者等が黙っていれば、みずからの状況について悩んでいるのではないかと気にかける。要介護者等を自宅において出かければ、留守中になにかトラブルが起こってはいないかとそわそわする。家族介護者には精神的負担が二四時間かかり続けているといってよい。

なるほど、在宅介護が生み出すこうした家族介護者への負担は、別居の家族よりも同居の家族がそれを引き受ける場合のほうが重くなりがちである。しかし、別居の家族が介護を引き受ける場合には、ときに同居の家族にはない負担が生じることがある。たとえば、要介護者等が体調を崩したり怪我をしたりした場合には、別居の家族はときに遠方から駆けつけねばならない。そのとき家族介護者は、要介護者等と同居している場合よりも、移動時間や交通費を多くかけたり、仕事や家事育児などにより大きな影響を受けたりすることになるだろう。体調不良や怪我といった特別な事態でなくとも、別居していれば要介護者等の状況を把握しにくいため、同居している場合よりも気がかりになるという精神的負担の増大も挙げられよう。

以上にみてきたように、要介護者等のためになるという理由で選択される在宅介護は、その介護を引き受ける家族に大きな負担を強いるものである。いくら要介護者等のためになるといっても、家族介護者が在宅介護の負担に耐え切れず共倒れになってしまっては元も子もない。そこで、家族介護者の負担軽減をひとつの目的として二〇〇〇年に導入されたのが、介護保険制度である。

本制度は、要介護認定の度合いに応じて必要な介護サービスを受けられるように費用を給付する保険制度である。この制度が導入されるまで介護サービスは、家族介護者がリフレッシュするために、本来ならば家族で行うべき介護を一時的に他者に任せるものとして消極的に位置づけられていた。先に述べた、要介護者等について最もよく知る家族こそがよい介護を行いうるという想定がここにみてとられよう。そのため、介護サービスを利用することは家族がその責任から逃れることであるかのように受け止められることがあった。したがって介護サービスの利用には抵抗感が伴い、介護の負担は依然として家族にかかっている場合がほとんどだった。しかし、本制度が導入されたあと介護サービス利用者は格段に増加している。この増加の背景には、なるほど、高齢化がいっそう進んだことに伴って要介護者等の人数が増加したことも挙げられるだろう。しかしそれ以上に、介護サービスの利用を公的にうながす本制度が、介護サービスを利用するときの抵抗感をゆるめたことを指摘できるだろう。

さまざまある介護サービスのうち、ショートステイ（短期入所生活介護）やホームヘルプ（訪問介護）はまさに、家族介護者の負担を軽減することを目的とするものである。ショートステイとは、要介護者等が一時的に介護施設に宿泊できるサービスのことだ。これを利用することで、家族介護者は介護から離れ、自分のための時間をもつことができるようになる。他方、ホームヘルプは要介護者等の自宅にホームヘルパー（訪問介護員）がおもむいて要介護者等の生活支援をすることで、家族介護者の負担軽減を目指すサービスである。そのとき家族介護者は介護を代行してもらうだけでなく、ホームヘルパーから介護のしかたについてアドバイスを受けたり、日常生活で困っていることを相談できたりすることもある。このように在宅介護に介護専門職がかかわることで、家族の負担を減少させることができる。

しかし、依然として在宅介護における家族の負担は大きいままである。たとえば、ホームヘルプに含まれる生活援助は、要介護者等が独居の場合には利用できるが、同居家族がいる場合には受けられないこともある。身体介護についても、ホームヘルパーが一切を行うわけではなく、ホームヘルパーが来る前や帰ったあとは、やはり家族が行うほかない。介護サービスを利用したとしても、その助けを借りながら家族は介護を続けるのである。

それどころか、介護サービスを利用するにあたって家族に新たに生じてくる負担もある。そもそも介護サービスの利用を思い立つのは、要介護者等本人ではなく家族であることが多い。そのあとも家族が、どの介護サービスを利用するのか、複数の介護サービスを利用する場合にはそれらをどう組み合わせるかなどを検討して調整する。もちろん、これらの業務はケアマネージャー（介護支援専門員）に依頼することもできる。ケアマネージャーとは、要介護者等のケアプランを提案したり、介護サービス事業者との連絡を行ったりする介護専門職である。このケアプランは、どのような生活を送りたいのかといった希望のほか、要介護者等の性格、病歴、生活状況、それに起因する葛藤などの情報に基づいて作成される。しかしやはり、このような情報をケアマネージャーに提供したり、それに基づいて要介護者等にどのような接し方をしてほしいかなどの要望を伝えたりするのは家族なのである。こうして利用する介護サービスが決定してからも、介護サービスの契約書類への記入や料金の支払いは家族によって行われることが多い。さらに、実際に介護サービスを利用する段階にいたっても、たとえばショートステイのために手荷物の準備をするのは家族だ。さらにその利用中も、要介護者等が体調を崩したり怪我をしたりした場合には、家族が介護サービス事業者からの連絡を受ける。そのとき入院が必要となれば、家族がその手続きを行う。入院後にも家族は、高齢の要介護者等について、延命治療をするかどうかなどの重大な決断を迫られるかもしれない。なるほど、介護保険制度が導入されたことで、家族介護者は一時的には介護から離れやすくはなった。それでも家族介護者は肉体的負担、いやそれ以上に精神的負担からは逃れられないままなのである。

家族のなかでも、介護の中心的な引き受け手となるキーパーソンにはとくに大きな負担がかかる。いままで見てきた家族にかかる負担も、実際にはそのほとんどがキーパーソンひとりにかかりがちだ。キーパーソンには、介護サービス事業者や病院からの連絡を受けるだけではなく、それをその他の家族に行き渡らせる役割も任せられる。一二九ページの円グラフにもあるように、二〇〇一年と二〇二二年のいずれにおいても、キーパーソンを務めるのは要介護者等の配偶者である場合が最も多い。同居の家族による在宅介護の場合、その約半数が配偶者をキーパーソンとする介護である。次に多いのは要介護者等の実子がキーパーソンになる場合である。一人っ子の場合はもちろんのこと、きょうだいがいる場合でも、介護の負担は分担されるよりも実子のうちのひとりにかかる傾向にある。

高齢者を在宅で介護する場合、そのキーパーソンが要介護者等の配偶者あるいは実子であることにはいくつか大きな問題がある。そのひとつが、老老介護になることである。老老介護とは、介護をするひとと受けるひとのどちらもが六五歳以上の高齢者である介護形態のことだ。キーパーソンが要介護者等の配偶者である場合だけでなく、要介護者等の実子である場合も、親子そろって高齢者であれば事態は同じである。老老介護は、そうでない場合の介護よりもいっそう介護者にかかる負担が大きくなりがちである。たとえば身体介護は重労働なうえ頻度が高く、介護者が高齢であればその分だけ足腰への負担が深刻化しやすい。さらに介護者のほうも体力が低下しているため、介護中に要介護者等とともに転倒する危険性が高くなったり、介護に要する時間が長くなったりする。

介護が長時間化することで、キーパーソンは外出する機会をなかなかもてなくなったり、要介護者等以外のひととの交流が減少したりすることも考えられる。とりわけ、キーパーソンが要介護者等の配偶者である場合にはそうなる可能性は高くなるだろう。二〇二二年現在、日本では夫婦のみの世帯が三番目に多いことを考えれば、要介護者等と同居している家族がその配偶者しかいない場合も多々ある。このように、要介護者等とキーパーソンとが引きこもりがちになることで、キーパーソンは介護をめぐるあらゆる負担を一手に抱え込むことになり、結果として介護うつを患ってしまうことがありうる。キーパーソンが日常的に交流するのは要介護者等のみだという事態はまた、キーパーソンの認知機能の低下をも招き、認知症を発症しやすくもする。老老介護は認知症患者が認知症患者を介護する認認介護につうじていくのである。認認介護には、食事を摂ったかどうかを忘れてしまい栄養管理ができない、入浴することを忘れてしまい衛生管理ができない、財産管理ができない、といった問題がある。しかも、高齢者がふたりきりで引きこもりがちに暮らしている場合、介護者がみずからの認知症の発症に気づかず、介護に起因する負担がいっそう深刻化することが指摘されている。

以上に確認できるように、家族介護者が高齢の場合には、そうでない場合よりも問題含みである。しかし、介護者が一般に就労している年齢である場合にも、家族介護には問題がつきまとう。二〇二二年の「就業構造基本調査」によれば、家族介護の負担が大きすぎるために仕事と両立できなくなって仕事のほうを辞める、という介護離職を選択するひとが一〇万人を越えた。もっとも、離職することで、家族介護者の精神的負担が軽減される可能性はある。たとえば実子がみずからの意思で、老親の介護に専念したいからと離職する事例である。この場合の介護離職は、要介護者等のためにとどまらず、家族介護者本人のためにもなる。子が、まさにそうすることによってみずから負った介護の責任を果たすことができると考えれば、老親を看取ったあとも後悔をすることなく、できるかぎりのことをしてあげられたという自己肯定感をもつことにもつうじるからである。しかし他方、介護による負担に耐え切れなくなり、家族介護者が不本意ながら離職する場合もある。仕事と介護とを両立するための支援制度として介護休業などはあるものの、利用者は多くない。このとき介護離職は、介護と仕事の両立を目指して無理を続けたのち、介護をやめることはできないため仕事を辞めざるをえないというところにまで、介護者がみずからを追い込んでしまった結果と言える。家族介護者がこうして社会からみずからを切り離すことになれば、老老介護の場合と同様、介護うつを引き起こすことにもなりかねない。在宅介護における家族の負担は、家族介護者の年齢にかかわりなく大きいのである。

2　カント倫理学の基本

前節で確認してきたように、在宅介護はその介護を引き受ける家族に多くの負担を強いる。もちろん、その負担が大きいあまりに共倒れになってしまってはならない。しかし私たちはこうした危険性を知りつつも、やはり介護をすべきという規範意識をもっている。それはなぜなのだろうか。このように、みずからの規範意識を反省しその根拠を問うことが、倫理学に任せられた仕事のひとつである。

この問いに対して、どのように回答することができるだろうか。たとえば、要介護者等には介護を受ける権利があるからだ、と答えるひとがいるかもしれない。そしてまた、この権利が単独であるのではなく、この権利に対応して、ひとびとには介護する義務があるからだ、とも回答できるかもしれない。なるほど、民法七五二条では「夫婦は同居し、互いに協力し扶助しなければならない」、民法八七七条第一項では「直系血族及び兄弟姉妹は、互いに扶養をする義務がある」と定められている。法律上、配偶者間の介護や実子による老親の介護は放棄できないものだから、私たちは高齢者介護をすべきだという規範意識をもっているのだという回答案だ。しかしながら、この回答が私たちの実感に沿うものとも思われない。私たちが介護について考えるとき、民法を意識しているわけではないはずだ。むしろ、介護を要するようになった家族を前にして、家族の一員としてこのひとを放っておくわけにはいかないという思いで介護を引き受けているのではないだろうか。してみると、要介護者等にいままで世話になった分の恩返しとして介護をしているのだ、という回答もありうるだろう。

　結局のところ、介護をすべきなのは、それが権利だからなのか、義務だからなのか、はたまた恩返しとなるからなのか。この問いに回答する準備として、本節では介護をすべきという私たちの規範意識に注目する義務倫理学の基本的な考え方をみてみよう。その代表的論者がカントである。

　義務倫理学は「なぜそのように行為すべきか」という問いに対して、「そうすべきだからだ」と回答する。このやり取りは、一見すれば「べき」ということばを繰り返しているだけで、まっとうなものには思われない。しかし、私たち人間の実際の生きざまを振り返ってみれば、義務倫理学の力点はみえてくる。私たち人間はなすべきだと分かったからといって、当然のごとくそれを遂行できているものだろうか。私たち人間はそうすべきだと分かってはいても、やりたくないからしないことがある。それどころか、なすべきこととは反対の、禁じられたことをやってしまうことさえもある。そのような人間がなすべきことを遂行するには、それを遂行しようとみずから努力しなければならない。義務倫理学は人間の実際のありようを一瞥して、自分のやりたいことを脇において人間として果たすべき義務を遂行するには、そうするようにみずからをうながさねばならないことを強調しているのである。

ところで、個々人のしたいことを脇においた、私たち人間のなすべきこととは一体なんだろうか。一般に義務とは、それぞれの属する共同体によって課せられた、共同体の構成員としての務めとして理解されている。たとえば先に挙げた民法で定められた扶養義務は、日本国民に課せられた義務である。このような外から与えられた義務であれば、なにをなすべきか考える必要はなく、ただ言われるとおりのことをすればよい。これに対してカントのいう義務は、なにをなすべきか、その義務を負う人間自身の力で知り、その遂行に向けて自分自身を導かねばならないものである。この点において、義務倫理学にいわれる義務はきわめて特殊な義務といえる。

では、人間はどのようにして、人間としてなすべきことを知ることができるのか。これを知るときに用いる能力としてカントが見定めたのは理性だ。カントにかぎらず哲学の伝統において、あらゆる人間には理性が備わるという意味で、人間は理性的存在者であると定義されてきた。カントは、人間ならばだれもがこの理性によって、あることが人間として果たさねばならない義務であるか否かを知ることができると考えた。その思考プロセスを追ってみよう。

たとえば、「愛こそすべて」、つまり「なによりも愛を優先して生きるべきだ」は、人間として果たすべき義務たりうるだろうか。もちろん、そういう生き方をするひとはいるだろうし、それは個人的な生き方としては採用されてもよい。しかし、もしあらゆる人間がこの方針にしたがって生きるとすれば、愛を最優先するあまり日常生活が破綻したり、恋人の奪い合いや不倫しているひとばかりの、かえって愛に反する事態が生じてしまったりするだろう。人間はこのように、理性（reason）を用いて推論する（reason）ことで、「愛こそすべて」が人間として果たすべき義務ではないことを知ることができる。同じしかたで、反対に、人間として果たすべき義務を知ることもできる。こうした推論結果が、ひとによって異なることはない。なぜなら、理性はひとりひとりの人間が別個にもつ能力ではなく、すべての人間によってわかちあわれる能力だからだ。それゆえ、すべての人間が共有する同じひとつの能力によって見つけ出された人間として果たすべき義務は、すべての人間に同じように知られうるのである（Kant IV 402-3）。

こうして人間はみずから、人間として果たすべき義務を知ることができる。義務を知るということ、つまり「なになにすべし」という義務を頭に思い浮かべるということは、同時にみずからに対して「なになにすべし」と命じることである。とはいえ、実際にそれを遂行するのは難しい。第一に、人間は理性をつうじて知った人間として果たすべき義務だけでなく、しばしばそれと対立する、個々人のしたいことの双方から影響を受け、しかも後者によって行為してしまいがちだからである。それでも、なすべきことを知った人間自身が、個人的にやりたいことのほうを優先するか、それとも人間として果たすべき義務のほうを遂行するかの選択肢を生み出したことは事実である。この選択肢がなければ、人間には個人的にやりたいことしかできなかったはずだ。人間自身が人間として果たすべき義務を知ったからこそ、実際に人間がそれを遂行する可能性も生まれるのである（Kant V 30）。

するともしかしたら、カントは、個々人がやりたいことをして幸福になろうとするのを禁じているかのようにみえるかもしれない。しかし、そうではない。カントもまた、自分の幸福を目指すのは人間にとってまったく自然なことであり、けっして悪いことではないと認めている。悪いのは、自分の幸福だけを追求して、人間として果たすべき義務をないがしろにしてしまうことである。自分の幸福を追求すること自体は悪くなくても、そのせいで自分以外のひとを不幸にしてしまうことになれば、それは悪いことであろう。どの人間にも理性が備わるのだから、だれもがこのように推論できる。それゆえ、あらゆる人間が人間として果たさねばならない義務の遂行を問題にしているときに自分の幸福を優先するわけにはいかないことを、どの人間も知ることができる。実際、「愛こそすべて」が人間として果たすべき義務たりえないと推論できたのも、この方針が、それを採用して生きるひとりの人間の幸福にはつうじるかもしれないが、そのひと以外の人間を不幸にするかもしれないとわかったからであった。人間にとって、自分の幸福を追求して生きること自体は悪くないが、それがすべてではない。このようにして人間は、自分のなかに生みだした選択肢、人間として果たすべき義務と自分の幸福とのうち、前者を優先にすることができるのである（Kant IV 402-3, 412-3）。

義務の遂行が困難である理由として第二に、カントのいう義務は、外から確認できる身振り手振りだけによって遂行できたかどうかが判定されるわけではないことも挙げられる。人間として果たすべき義務の命じるとおりにふるまうことを、カントは「義務に合致するだけの行為」と呼び、倫理的称賛には値しないと評価した。たとえば、「ひとに親切にせよ」を人間として果たすべき義務として知ったとしよう。そして実際に、混雑した電車のなかで立っていた妊娠しているひとに座席を譲るという親切と思われる行為をしたとしよう。しかしその行為の動機が、「ひとに親切にすると褒められるから」とか「ひとに親切にするとすがすがしい気持ちになれるから」といったものであれば、その行為は義務に合致するだけの行為にすぎず、倫理的にみて称賛されるほどではない。というのも、その行為は、本来ならば義務の遂行とはまったく別の問題であるはずの自分の幸福を考慮したものだからである。もっとも、カントはこうした理由でひとに親切にすることを非難したわけではない。カントが言わんとするのは、義務に合致するだけの行為は手放しで倫理的賞賛に値するほどでもない、ということだ。前者のように、行為の結果を期待して親切にするなら、その期待した結果が得られなかった場合には、今後はひとに親切にせよという義務を果たそうとする気持ちをもち続けられないかもしれない。後者のように、そのときの感情に任せて親切にするなら、すがすがしい気持ちになりたいと思えないほどに落ち込んでいる場合には、ひとに親切にせよという義務を果たそうとする気が起きないかもしれない。しかし、人間として果たすべき義務はあらゆる人間が知りうるもので、遂行できるときや遂行したいときにだけではなく、つねに遂行しようと努力せねばならない義務なのである。人間として果たすべき義務の遂行とは、見とおしの立たない行為の結果を期待したり、揺れ動く自分の感情に任せたりして、義務の命じる所作を型どおりに行うことではない。反対に、人間として果たすべき義務を心から受け入れ、なすべきだからなすという、つねに義務を遂行できる心構えのもとで行為することが求められる。こうした「義務に基づく行為」こそが、倫理的賞賛にふさわしい(Kant IV 397–9)。

以上にみるように、人間として果たすべき義務の遂行はけっしてたやすいものではないが、そのために努力する能力をあらゆる人間は共有している。この能力のゆえに、あらゆる人間は尊厳あるものとして扱われねばならない（Kant IV 435-6）。

尊厳とは、価値の名称のひとつである。価値にはもうひとつ、「価格（値段）」がある。いっそうよく知られている価格という価値の性質を確認することで、それに対置される尊厳の意味を把握しよう。価格は周囲のひとびとからの評価によって左右される、相対的な、つまり比較可能な価値である。たとえば賞味期限が近くなった商品の値段が下がったり、人気があって品薄になった商品が高額で取り引きされたりする。だれも必要としない商品なら値はつかないだろうし、もとは無料だったものに高値がつくこともある。人間もまた、価格によって評価されることがある。能力の高いひとに高い給料が支払われるのは、人間が価格によっても評価される例である。能力面だけではなく、そのひとが自分の感情によい影響を与えてくれるかという感情面で評価することもある。私たち人間は互いに値踏し、有能さや好みによって人間を順位づけようとする（Kant IV 434-5）。

しかし、人間は価格のみによって評価されてはならず、つねに尊厳という価値によって評価されねばならない。価格に対して絶対的価値を意味する尊厳は、周囲のひとびとからの評価によって増えたり減ったりすることも、与えられたり奪われたりすることもけっしてない固有の価値である。したがって人間の尊厳は、あらゆる人間に等しく見出されねばならない。人間は理性をつうじて、これが人間として果たすべき義務であることを知る。人間として果たすべきこの義務は、職をもっていなかったり、周囲のひとびとから疎まれたりしているひと――周囲のひとびとの幸福には役立たないひと――がいたとしても、そのひとをも依然として尊厳あるものとして扱わねばならない、と命じる。

「人間の尊厳」という命令は次のように言い換えられもする。「汝の人格にも他のあらゆる人格のうちにもある人間性を、汝がいつも同時に目的として用い、けっしてたんに手段としてのみ用いないというふうに行為せよ」（Kant IV 429）。この命令の「人間性をたんなる手段にするな」という部分に注目しよう。人間性は一般に、人間らしさや人間味という意味で理解される。しかし、哲学倫理学では議論を明確にするため、日常的なことばを限定的な意味で用いることがある。このことは右の引用中にある人間性ということばにも当てはまる。ここにいわれる人間性ということばを文字どおりに、「人間であること」、「人間であるという性質」という意味で理解しよう。この性質は、間違いなくあらゆる人間に共有される。したがって、「人間性をたんなる手段にするな」という命令を、ひとまず「人間をたんなる手段にするな」と命じているものとして理解しておこう。

「人間の尊厳」という命令、人間をたんなる手段にするなという命令について、さらに理解を深めていこう。そのための手がかりとなるのは奴隷である。言うまでもなく奴隷も人間であり、生きる目的をもって生きられるはずだ。その目的には、個々人が思い思いに立てる目的もあれば、人間としての目的、つまり人間として果たすべき義務を遂行することも含まれるだろう。しかし、奴隷はそうした生きる目的をまったく否定され、ただひたすら主人が快適に生活するためのたんなる手段として扱われて労働を強いられる。以上からすると、人間をたんなる手段にするなという命令は、「人間を目的をもって生きているものとして扱え」とも言いなおされうるだろう。実際に前段落の引用のなかでも、たんなる手段化の禁止が「いつも同時に目的として用いよ」と言い換えられている。

ただし、ここで禁じられているのはたんなる手段にすることであって、手段にすることそれ自体ではないことは重要である。私たち人間の能力は有限であり、生きるために必要なことのすべてを自分ひとりでやりきるほどの能力はなく、つねに他者の助けを借りて生きるほかないからである。自分ひとりでできそうなことであっても、人生をとおしてみれば、能力がまだ十分には発達していない幼少期や能力がもう衰えてしまった老齢期には他者の助けを必要とする。そういう時期でなくても、病気や怪我のために一時的に他者の助けを必要とすることもあるだろう。こうした助け合いも一種の手段化であるが、それは一方的なたんなる手段化ではなく、能力のかぎられている人間だれにとっても必然的な、相互的な営みなのである。カントが人間の手段化ではなく、たんなる手段化を禁じたのは、こうした人間の能力の有限性を考慮したためである。

人間はこのように助け合いながら、自分なりの目的の、そしてまた人間としての目的の達成に向かって生きていくことができる。こうした能力をもつ人間をたんなる手段にすることは、人間が目的をもって生きられる存在者であることを、つまり人間であること（人間性）を否定することだ。したがって、「人間の尊厳」という命令、人間をたんなる手段にするなという命令は、「人間を人間にふさわしく扱うべし」と言い換えられることもできる。

ここで疑問がわくかもしれない。そうであるなら、自分なりの、あるいは人間としての生きる目的を設定できないひと、したがってまた、人間として果たすべき義務の遂行に向けて努力できないひとは、人間にふさわしく、尊厳あるものとして扱われなくてもよいのか、と。なるほど、ひとくちに人間といってもいろいろなひとがいる。重度の知的障碍をもって生まれてきたひとは、人間として果たすべき義務を知ることはできないのではないか。生まれ育った過酷な環境のために、人間として果たすべき義務を知ることができるはずであるのに、知らないふりをし続けてしまうひともいるのではないか。重度の身体的障碍をもつひとは、人間として果たすべき義務を知りえたところで、それを遂行することはかなわないのではないか。しかも、人間が生まれてから死ぬまで変化し続けることを考えれば、年齢を重ねるにつれて、あるいは病気や怪我などのために身体機能や認知機能が低下すれば、人間はだんだん尊厳あるものとして扱われなくてもよいものになっていくのではないか。このような疑問が投げかけられるかもしれない。

カントはこうした問いかけすべてに対して、きっぱりと否と回答する。まず、人間に固有の絶対的価値である尊厳は増えたり減ったりすることも、与えられたり奪われたりすることもけっしてないことは先に述べたとおりである。したがって、その能力に応じて尊厳あるものとして扱われる程度が変化することはない。それから、人間が人間として果たすべき義務を知るのは、理性というすべての人間にわかちあわれる能力をつうじてだという点も重要である。繰り返し述べているように、理性はひとりひとりの人間が別個にもつ能力ではない。あらゆる人間は、理性という同じひとつの能力をつうじて人間として果たすべき義務を知るのだから、人間である以上、だれもが同じ規範意識をもつことができるのだ。たとえ、脳や身体、あるいは育った環境といった個々人にはコントロールしようのない個別的な事情のために実際にはそうできないとしても、人間である以上は、すなわち人間性を共有する以上は、なおもその可能性を備えているとみなされるべきである。したがって、個人的な事情にかかわりなく、あらゆる人間が尊厳あるものとして扱われねばならない。

この点に、カントが人間ではなく、人間性をたんなる手段にするなと言い表した意義がある。カントは、個々人の現実のありように基づいてではなく、人間性というあらゆる人間に共有される性質に基づいて人間というもの全体の尊厳について語っている。すべての人間は人間性を共有する点で等しいのだから、もしだれかをたんなる手段にしてよいなら、すべてのひとをたんなる手段にしてよいことになってしまう。裏を返していえば、あらゆる人間は、自分自身も含めてだれをも切り捨てることなく、あらゆる人間を人間にふさわしく扱わねばならない。これが、人間が理性をつうじて知る、人間として果たすべき義務なのである。

「あらゆる人間を人間にふさわしく扱うべし」という義務をみずからに突きつけ、みずから進んでそれを遂行しようとするとき、そのひとによって人間にふさわしい扱いをされるひとは、人間の尊厳を遵守されている。しかしそれだけではない。同時に、人間を人間にふさわしく扱う当人も、まさにそのふるまいによって人間の尊厳という価値にふさわしいものになっている。というのも、人間の尊厳を遵守しようとするひとは、人間として果たすべき義務を遂行しようと努力しているからである。カントは、人間だれもがこの努力をする能力を備えており、この能力に応じて努力をすることは、人間にふさわしい生き方をすることだと考えた。そう生きることは、自分自身を人間にふさわしく扱うこととも表現できる。その意味で、人間の尊厳を遵守しようとすることは、尊厳という価値にふさわしいものになっていこうとすることでもあるわけだ。このように、人間にふさわしい扱いとは、そのように扱われた人間にも扱う人間にもかかわる行為である。ここにもみてとられるとおり、人間の尊厳はだれかによって与えられ、だれかによって遵守されるだけの、個人的で受動的な価値ではない。反対に人間の尊厳は、人間の尊厳を遵守する当人が同時に作り出してもいる、したがって人間に普遍的な、しかも能動的な価値なのだ。

人間の尊厳が個人的なものではないことに加えて、カントが人間の尊厳を見出したのは、人間として果たすべき義務を遂行しようと努力する能力、その可能性であることも見逃してはならない。つまり、カントのいう尊厳は、あるひとがこれまでに人間として果たすべき義務を遂行しようと努力しているさまをなんらかの行為によって表出したか、もしくは将来的に表出できる日が来るかによって、それをもつか否かを判定される価値ではない。しかも、人間として果たすべき義務は、それが命じる所作を型どおりに行うことで遂行されたとみなされるものではない。そうではなく、その義務を心から受け入れたうえで遂行することが求められる。したがって、もし人間として果たすべき義務を遂行しようという努力の実行を根拠に個々の人間に尊厳が見出されるなら、その行為が義務を心から受け入れたうえで遂行された、義務に基づく行為であるか否かを確かめることができなければならないはずだ。しかし、人間はある行為が義務に合致するだけの行為であるか義務に基づく行為であるかを、どのようにして判定できるというのか。

しかしそれ以上に問題なのは、こうした見方を提案するひとは、自分こそが他者に尊厳があるか否かを判定する者であると自認していることである。つまりそのひとは、自分自身は人間として果たすべき義務を実現することで、その尊厳を完成させたと考えている。そしてその尊厳あるものとして疑われない私が、他者の尊厳の有無を推し量ろうというわけなのだ。しかし、先にも問いかけたように、ある行為が義務に基づくものか否かを判定することはできるだろうか。他者の行為はもちろん、自分の行為であっても、その動機を確信することなどできないはずだ。それゆえ、もしみずからの行為を義務に基づく行為であると断言するひとがいるならば、カントの立場では、そういうひとはたんなる自惚れ屋であると一刀両断するほかない。みずからの尊厳を完成されたものとしてみなしているそのひとは、尊厳という価値にふさわしいものになっていこうとする義務の遂行をたやすいものと見積もっている。そういうひとは結局のところ、この義務を遵守するために要されるはずの努力の必要性さえも理解していないため、その努力をなそうともできない。そのような、人間にふさわしくない生き方をしているひとは、みずからを人間にふさわしく扱っていないことであり、人間の尊厳を蹂躙していると言わざるをえないのである（Kant V 71-3）。

3　人間の尊厳の遵守としての介護

以上のようなカント倫理学は、権利、義務、恩返しのうち、高齢者介護の根拠としていずれを支持するだろうか。この問いに取り組むに先立って、高齢者介護そのものについて、そして、それによって家族介護者にかかる負担について、カントにしたがってとらえなおしてみよう。

まずは、高齢者介護そのものについて考えよう。本章の冒頭でも触れたように、年齢を重ねるなかで、私たち人間はだれもが介護を要するようになりうる。このことは、カントの用いたことばで表現するなら、介護を要する可能性も人間性――人間であること――に含まれるといえるだろう。このことを念頭におくなら、人間性を共有するあらゆる人間を人間にふさわしく扱うには、介護を要するだれもが、その必要に応じて介護されねばならないことになろう。その意味で、介護は人間の尊厳を遵守するひとつの実践としてみられてよい。

実際に、具体的な介護の場面のなかに、人間の尊厳が遵守されているさまをみてとることができる。ひとくちに要介護者等といっても、最も要介護度が軽い「要支援一」から、最も重い「要介護五」まで、その支援や介護の必要度合いはさまざまである。要介護五では、日常生活のほとんどすべてに手助けが必要な状態になる。人間の尊厳を遵守するとは、要介護度にかかわらずどの人間をも人間にふさわしく扱うことである。ここにいわれる人間にふさわしい扱いとして、感情をもって生きているひととして接することを例に挙げよう。第1節でも触れたように、要介護者等本人もまた、みずからの身体機能や認知機能の低下に伴って介護を要するようになったことに戸惑いや不安を感じ、その苦しみやいらだちを家族介護者にぶつけることがあるのだ。家族介護者が要介護者等の抱くこうした行き場のないつらい思いに寄り添おうとするのは、支援や介護の必要度合いに関係なく、感情をもって生きているひととして要介護者等に接する姿勢のあらわれなのである。たとえば、介護用おむつを「紙パンツ」や「使い捨ての下着」と呼び改める向きがあるのも、要介護者等の思いに寄り添う方法のひとつだろう。このように、要介護者等は感情をもって生きているひととして処遇されることで、つまり人間にふさわしく扱われることで、人間の尊厳は遵守される。そして要介護者等をこのように人間にふさわしく扱うことで、同時に介護者も人間の尊厳にふさわしいものになっていくことができるのである。

ここで、第2節で掲げた、私たちはなぜ介護をすべきという規範意識をもつのかという問いへの回答を見つけることができた。カントにしたがえば、介護を要する人間をその必要に応じて介護することは人間の尊厳の遵守のありようであり、人間はこれを義務としてみずからに突きつけているからである、と。

介護を義務としてみるとき、強調したいのは、それが理性的存在者としての人間がその理性をつうじて知る特殊な意味での義務だということである。介護は人間がみずからそうすべきだと意識する義務なのだから、第一に、それは外から与えられる義務ではない。それゆえ第1節で言及したように、介護をすべきだという私たちの規範意識は、やはり民法を根拠とするものではないのだ。第二にまた、介護という義務は要介護者等の介護を受ける権利に応じて生じてくるものでもない。もしこのように理解するなら、介護は特定のだれかの介護を特定のだれかが引き受けなければならないという、個人的な問題として理解されることになるだろう。その場合、自分の家族に要介護者等がいないひとは、介護を自分には関係ない問題だといって閑却するだろう。しかし、介護の必要性は人間性に含まれるのだから、介護はあらゆる人間を当事者とする営みなのだ。介護は人間として果たすべき義務であり、特定のだれかに任せてよいものではないのである。

高齢者介護が権利に基づくものでないことは、カントの著作からも読み取ることができる。もっとも、カントは直接的に高齢者介護について論じたわけではない。しかし、カントの親の権利論からは、老親には子に対して介護を要求する権利はないことを考察できる。その論理を簡単に確認しよう。

親の権利ということでカントが問題にするのは、親は子が成長後に独り立ちするとき、それまでにかかった養育や子育てに伴う苦労に対して費用返還の請求をする権利があるか、ということである。

この費用返還のための手立てとして介護をおいてみよう。老齢のために身体機能や認知機能が低下して不自由になっていく老親には、自力ではなにもできなかった幼少期に世話をしたからという理由で、子に対して介護するよう求める権利があるだろうか。この問いにカントは、親にそのような権利はないと回答する。むしろ親は子に対してただ一方的に、その子が自力で生きていけるようになるまで扶養する義務を負うのみである。親の権利には、子育ての見返りとして介護を求めることは含まれない（Kant VI 280–1）。

ただし、以上の親の権利論では配偶者間での介護を考えることができない。これについては、介護の根拠を恩返しにみる回答案が有力のように思われるかもしれない。この案は、実子による老親の介護の場合にも、配偶者間の介護の場合にも当てはめることができる。すなわち、子は自力ではなにもできなかった幼少期に受けた世話への恩返しとして、配偶者はそれまでともに生活してくるなかで受け取ってきた助力への恩返しとして、介護をするべきなのだという回答案である。

もちろん、実子の迷惑になりたくないからと、実子による介護を拒む老親もいる。そうであってもなお、実子がみずから進んで老親の介護を引き受けることがある。一二九ページの円グラフからも、こうした事情をみてとることができるだろう。二〇〇一年と二〇二二年とを比較して、同居の家族がおもな介護者となっているケースにおいて、配偶者と実子がその担い手である割合が微増して、その他の家族が担い手となる割合は激減していることに注目しよう。ここにいわれるその他の家族とは、子の配偶者や父母などのことだ。同居の家族による介護のうちでも、とりわけ要介護者等の配偶者や実子によって介護が行われる割合が増加している事実を考えれば、介護の根拠を恩返しとみる案は説得力があるように思われる。

しかし、カントならば介護の根拠を恩返しに見定めてはならないというだろう。その理由は、恩返しとはその名に反して、恩ではなく借りを返すという発想を含んでいるからである。すなわち、自分が受けた世話と同等のものをその相手に返すことで、負債を抱えたままではいないためにするのが恩返しなのだ（Kant VI 459）。ひねくれた考えに思われるかもしれないが、こうした恩返し解釈は、第1節でみたように、介護にはしばしば無力感や徒労感が伴うことをうまく説明している。つまり、恩返しが成立するには、介護が要介護者等によって報いと認められねばならない。それゆえ恩返しとして介護を行うとき、介護者はどこかで、介護することで喜ばれたり、要介護者等が身体機能や認知機能を取り戻すことを期待してしまう。そしてこの期待を裏切られ、介護者が恩返しをしそこなったと感じるときに抱かれるのが無力感や徒労感というわけだ。そのせいで、介護者は要介護者等にきついことを言ってしまったり、冷たいふるまいをしたりしてしまったりする。さらに、介護者が要介護者等に当たってしまう自分自身に気づいて自己嫌悪に陥るのは、受けた恩に報いようと試みているにもかかわらず、それとは相反することをしている自覚をもつからである。以上のような介護者の思考や行動は、介護者が介護うつにかかることと関連しているように思われる。

そうすると、介護の根拠を恩返しにみるこの案をカントが退ける理由は、介護者が要介護者等をたんなる手段にすることになるからではないか、と思いつくかもしれない。なるほど、介護者が要介護者等の介護をする目的が、幼少期の世話やそれまでの助力という負債を抱えたままでいないためだけだとすれば、要介護者等はたんなる手段にされていることになろう。しかしやはり、介護者は要介護者等が生きるために必要な介護を提供している。したがって、介護者は要介護者等を手段にしていることはありうるにしても、たんなる手段にしているとまではいえない。したがって、介護の根拠を恩返しにみる案は、介護者が要介護者等をたんなる手段にしているから、すなわち人間の尊厳を蹂躙しているから、という理由で受け入れられないわけではない。

むしろ、介護におけるたんなる手段化という論点でいえば、とりわけ在宅介護の場合、家族介護者の負担がきわめて大きいことのほうに注目が集まるだろう。このことは、介護者はわが身を犠牲にしているということ、その意味では介護者がみずからをたんなる手段にしている、といえるかもしれない。人間の尊厳はすべての人間に共有される人間性に基づいているのだから、自分自身をたんなる手段にすることもまた、人間の尊厳を蹂躙することとして禁じられるのである。もし介護者自身を人間にふさわしく扱わなくてよいならば、人間性を共有するすべての人間が人間にふさわしく扱われなくてよいことになり、要介護者等に十分な介護を提供することの意義もまたなくなってしまうことになろう。このことを検討するにあたって、家族介護者にきわめて大きな負担がかかっていること自体は解決を要する問題であるものの、介護することで介護者自身の満足にもつうじるところがある点に注目したい。在宅介護が選択される理由として、要介護者等のためになることが挙げられていることを思い出そう。したがって在宅介護によっては、要介護者等のためになることをしてあげられたという、家族介護者は自己肯定感を得ることもできるのである。以上からは、きわめて負担の大きい介護でも、それがひたすら要介護者等のためだけに行われているとも言い切れない。多少なりとも家族介護者本人のためにも行われている以上は、献身的な介護もまた、介護者がみずからをたんなる手段にしていることにはならない。

さて、介護の根拠を恩返しにみる案が人間をたんなる手段にすることにはならないならば、このような見方の問題点はどこにあるのだろうか。人間だれもが介護を要する可能性があり、その介護は要介護者等が生きていくために必須の営みであることを思い出そう。それゆえ介護は、それをいま要するすべての人間に行き渡るように、さらに今後それを要するようになるすべての人間に行き渡るようにし続けなければならない。しかし、受けた世話と同等のものをまさにその相手に返すという、個人的なやり取りとして介護をとらえるとき、介護は持続可能だろうか。

このような問題意識がもたれるのは、恩返しとして介護がなされる間柄、つまり家族の形が変容しているからである。まず、晩婚化の影響だ。晩婚とは一般に結婚適齢期と呼ばれる時期をすぎてから結婚することをいう。この晩婚化には、出産するときの年齢が上昇する晩産化が伴うため、配偶者間で介護を行う場合のみならず、実子が老親を介護する場合でも老老介護になる可能性を高くしうる。老老介護の問題はすでに第1節で確認したとおりで、この介護形態が持続可能であるとはいえそうにない。

それから、未婚化・非婚化の進行も家族の形を変容させる要因として目されている。未婚とは結婚する意思をもちつつもまだ結婚していないことを、非婚とはそもそも結婚する意思がないことを意味する。第2節で紹介したように、二〇二二年現在、日本には単独世帯が最も多い。夫婦と未婚の子のみの世帯に育った子が独立して単独世帯を形成したあと、そのまま結婚していないケースが増加したことが単独世帯が最多数になった背景にあるというわけだ。こうして形成された単独世帯においては、配偶者による介護も実子による介護も不可能である。もちろん、家族介護ということで、きょうだいや親せきによる介護はありうるが、当のきょうだいや親せきが親子間あるいは配偶者間の介護に従事する場合には、未婚あるいは非婚のきょうだいや親せきの介護にまで手が回らないのが実際のところであろう。例外的に、法律上は未婚であっても、事実婚をしている場合には――ここには、日本ではまだ合法化されていない同性カップルの婚姻も含まれよう――家族介護は成立しうるように思われるかもしれない。その場合には、法律上の配偶者や実子がいなくても、事実上の配偶者や、そのひとともに養育してきた子によって介護を受けることはできるだろう。しかし、介護にかんする行政手続きや要介護者等の手術に同意する場合には、事実上の家族であることをわざわざ証明する必要がある。事実上の家族が介護をする際には、法律上の家族には生じない不都合が伴いうるのだ。

なるほど、単独世帯には高齢者が独居している場合もある。もしその高齢者がかつて子を生み育てていたならば、別居している実子によって介護を受けることは可能である。まさにそれが、別居の家族による在宅介護であり、二〇〇一年に比してこの形態での家族介護の割合が増加傾向にあることは第1節で確認したとおりである。この場合、その時点では介護を行うことができるが、やはり家族介護者にかかる大きな負担を考えれば、持続可能な介護形態として評価することは難しい。

そもそも、未婚でもなく非婚でもなく、しかも事実婚ではなく法律婚を、さらにいわゆる結婚適齢期にしたからといって、必ずしも子をもつわけではない。さまざまな事情で、子をもたない選択をしたり、子をもちたくてももてなかったりするカップルもある。その場合には実子による介護は不可能である。残るは事実上の配偶者間で介護を行う可能性であるが、ここにもまた、老老介護と認認介護の問題が指摘されよう。

家族の形が変容していくのに伴って、介護をしてくれる家族のいないひとが増えていく。いや、そういう家族がいたとしても、その介護はとうてい持続可能な形態だとは思われない。こうしたことを考慮すれば、カント倫理学の立場からは、恩返しとしての介護という発想を支持することはできない。なぜなら、この発想では介護を実施したり持続したりすることができない、つまり、この発想では人間の尊厳を遵守できないからである。そしてまた、受けた世話と同等の世話をまさにその相手に返すという、個人的なやり取りとして介護をとらえることになるため、介護が人間全体にかかわる問題であることを看過している。義務倫理学に依拠するなら、やはり介護の根拠を恩返しにみることはできないのである。

4　介護と感謝

私たちが高齢者介護をするのは、あらゆる人間を人間にふさわしく扱うべきだという規範意識をみずから抱き、みずからそれを遵守しようとするからである。人間がこの義務を知るのはあらゆる人間にわかちあわれる理性をつうじてなのだから、高齢者介護は特定のだれかと特定のだれかのあいだで行われる個人的なやり取りではなく、あらゆる人間を当事者とする人間全体の営みであらねばならない。そう理解することで、現在の在宅介護をめぐる問題を解消へと向かわせ、家族の有無にかかわりなく、介護はそれを要するあらゆる人間に行き渡りうる、持続可能なものになる。

この観点から介護保険制度をみれば、この制度は介護を家族内の問題としてではなく、日本社会全体の問題として向き合わせるものと評価できよう。言うまでもなく、カントのいう義務はあらゆる人間に課せられるのだから、本来ならば日本社会というひとつの共同体をゆうに越えた介護というものを考えるべきだ。とはいえ、この理念を現実のものにするには、人間全体を視野に収めつつも、まずは個々の家族という枠組みを超えて、それを包括する社会全体において介護に取り組む姿勢をもつことが必要だろう。

このように介護を社会的営みとしてとらえるとき、介護の中心的な担い手となるべきは家族ではなく、社会的に雇用された――有体にいえば、その給与が税金から支出される――介護専門職である。そうすることで介護は、社会のなかでそれを要するひとに対して、社会から提供される営みとなる。また、家族と介護専門職とでは介護への向き合い方が異なることにも注目したい。家族介護者にとっての介護とは、特定のだれかのために行う個人的なものである。これに対して介護専門職にとっての介護とは、あらゆる要介護者等に対してそれぞれに適した生活支援を提供することだ。したがって高齢者介護を家庭内ではなく社会全体の問題として位置づけるべきならば、介護専門職による介護をいっそう拡大させ、あらゆる人間が人間にふさわしく扱われる社会の実現を目指すことになる。

さらに、介護を持続可能な社会的営みとして実際に遂行するには、介護してくれる家族がだれにでもいることを前提とするその他の社会的慣習も改めていかねばならない。たとえば、介護保険制度導入によって介護サービスが利用しやすくなったものの、その利用に際しては依然として家族が大きな役割を担い続けていることを第1節で指摘した。その理由には、介護サービス事業者が、要介護者等の身元保証人を求めてくる場合があるからであり、それを引き受けるのは家族だという社会的慣習があるからであった。このことからもわかるとおり、社会的慣習が介護における家族の役割を大きくしているのである。介護に社会全体として向き合うには、生活上のさまざまな問題を家族内で収拾するというこうした社会的慣習も見直しを迫られることになる。

以上にみてきたように、カントの義務倫理学に依拠すると、介護はその専門職が中心になって行う社会的営みとして理解されるべきである。そうはいっても、カントが家族介護をまったく否定するわけでもない。カントにおいて家族介護はどのように解釈されうるか、感謝にかんするカントの考察を参考に考えてみよう。

カントは感謝について、どのような理由で、どの程度、だれに対して、どのようなしかたで示すべきかを明らかにしている。それによれば、感謝とは、親切にしてもらった（よくしてもらった）からという理由で、受けた親切と同等の奉仕を、親切にしてくれたひとにすることである。以上からもわかるとおり、カントのいう感謝は、「ありがとう」のひとことやちょっとしたプレゼントではかたづかない、ずっと重みのあるものである。この意味での感謝の根拠となる親切とは、見返りを期待することなく、自分にできる範囲で、助けを必要としているひとに手を差し伸べるというものだ（Kant VI 452-3）。親の権利論で確認したように、親はそれまでにかかった養育や子育てに伴う苦労に対する費用が返還されることを、すなわち見返りを期待することなく、自力ではなにもできない子の世話を買って出るものだ。それゆえ子育ては、カントのいう親切にあたる。これにしたがえば、育ててもらったことへの感謝の示し方として、介護を位置づけることもできる。

してみると、感謝として介護をすることは、介護の根拠を恩返しと見定める案と同じであるかのように思われるかもしれない。しかし、感謝は恩返しとは異なり、返すことを重要視しない点が重要である。自分が受けた世話と同等のものをその相手に返すという恩返しを親にするには、介護というかたちをとらざるをえない。これに対して感謝は、介護とは異なるしかたでも示すことができる。そしてまた、子育てへの恩返しが親のみに向けてなされるのに対して、感謝はより広い範囲に対してなされうる。その場合には、ひとは親からの親切をより抽象的に、他者からの親切と理解するのだ。そうすることで、親に育ててもらった親切への感謝は、見返りを求めることなくひとに親切にできる人間というものへの感謝につうじていきうる。このとき感謝は、親切にしてくれた親に対して示すだけにはとどまらず、名前を特定することのできないひと、人間性を共有するあらゆる人間に及ぶ（Kant VI 454–6）。

恩返しと感謝のあいだのこうした相違点は、介護を恩返しと考えることで奪われてしまう介護の持続可能性について考える際に重要な論点となるだろう。「親孝行したいときに親はなし」ということわざを思い出そう。親が苦労しつつも育て上げてくれたことをようやく親切と理解できるようになり、それに対して感謝したいと思ったころにはすでに親は他界しているという状況を悔やむものである。ここから、親への感謝を先延ばしにするなという教訓が引き出されるが、カントのいう意味で、つまり返すことを重要視しないものとして感謝を理解するなら、親が亡くなったあとにも子は育ててもらったことへの感謝を示すことができる。その場合に子は親に対して、見返りを求めることなく大切に育ててもらったからこそ、私もまた、助けを必要としているひとには見返りを求めることなく手を差し伸べるべきだと知りえた、と感謝するのである。このようにひとは、親から受けた親切に対して、親と自分との個人的な関係にとどまらず、人間全体を視野に収めて感謝をすることができる。そしてこの感謝のしるしとして、人間は人間全体に向けて親切をなそうともできる。人間はこのように、親からの親切をきっかけにして、人間として果たすべき義務をみずからの力で知り、その遂行に向けて自分自身を導こうとするようになっていくことができるのだ。この、人間全体に向けた親切の一例が、人間だれもがその必要に応じて介護される状態をつくることだ。これが実現されれば、家族の有無も世代も超えて、必要なひとに必要な介護が行き渡ることになるだろう。

介護を見返りを求めない親切としてとらえることは、要介護者等の考え方にも示唆を与えてくれる。要介護者等のなかには、介護を要するようになった自分自身を情けないと感じ、介護を受けることに抵抗感をもつひともいる。なるほど、これまで自分の身の回りのことは自分自身で行ってきたひとにとって、日常生活のさまざまな場面でひとの手を借りなければならない事態を受け入れるのは難しいものだ。しかしカントならば、こうした考え方のもとには介護を負債ととらえる誤った発想があることを指摘するだろう。つまり、要介護者等になった自分のありように抵抗感をもつのは、介護を受けることは介護者の手を煩わせることであり、そのようにして介護者等に負債を作ってしまっては、尊厳という価値にふさわしくなっていけないかもしれないと恐れるからである、と。

要介護者等になることをこのように解釈することには、三つの問題点がある。ひとつが、その場合に介護者は要介護者等にとってみずからを貶める相手と映り、憎悪の対象となってしまうことである。つまり、親切が人間に対して肯定的な感情を生むことにつうじるべきであるにもかかわらず、反対に否定的な感情を生むことになってしまうことに問題がある（Kant VI 459）。

これに関連して二つめに、要介護者等が本来親切であるはずの介護を一種の侮辱として受け取ってしまうことで、要介護者等は介護を嫌がり、そのため介護が続けられなくなってしまうという問題を挙げることができる。この論点は、介護の現場で実際に生じうる、介護拒否から介護放棄（ネグレクト）へと発展していく問題を指摘しているとも言えるだろう。

介護放棄は高齢者虐待のひとつである。介護放棄された要介護者等は、十分な食事を摂っていなかったり、入浴していなかったりする。この問題が生じるきっかけはさまざまであるが、そのひとつとして挙げられるのが介護拒否だ。介護者は要介護者等のために介護をしているにもかかわらず、それを拒否されてやるせない気持ちになり、介護放棄をしてしまうわけである。そのほか、要介護者等が介護を拒否するため、介護にいっそうの時間がかかってしまう分、介護者の負担も増大することで介護放棄にいたることもある。

要介護者等による介護拒否が介護放棄の引き金になりうるとしても、だからといって介護なしには生きられない要介護者等の介護を放棄することが正当化されはしない。そこで実際の介護の現場では、介護放棄の対処法として、そのきっかけとなる介護拒否がされないように要介護者等に接することが挙げられている。これと重なるようにカントもまた、親切を受けたひとが卑屈な思いを抱かないように気をつけながら親切にすることで、親切が今後も続くよう取り計らうべきだと説いている（Kant VI 448, 453）。

実際の介護の現場でも、カントの思想においても、介護あるいは親切の持続可能性が摘まれないようにするために、それをする側の配慮あるふるまいが重要だとされている。そうはいっても、介護拒否はそもそも介護を負債とみる誤解に基づいている。それゆえ、介護を負債として受け取られないよう介護者が気を配るだけでは、介護拒否の可能性も、それをきっかけとした介護放棄の可能性も払しょくされることはない。なにより事実として、要介護者等は助けを必要としており、介護者はそれに応じるだけの余裕をもっているという、要介護者等と介護者の非対称性が消えることはないのだ。それゆえ介護放棄にいたらないためには、介護者のふるまいだけでなく、要介護者等による介護の受け止め方もまた重要になってくる。

ここで、要介護者等が介護を負債とみなす解釈に含まれる三つめの問題点が浮き彫りになる。介護をこのように受け取ってしまうのは、人間にとって介護を要するようになることは当たり前であるにもかかわらず、どこか他人事のように感じており、自分自身が要介護者等になることにリアリティをもってこなかったからなのだ。そうではなく、要介護者等には、介護を要するようになるのも人間性であると認め、介護を要するようになった自分自身を卑下しないことが求められる。このように考え改めることで介護は負債ではなくなり、介護者はみずからを貶めるひとではなくなる。そうなれば、要介護者等は介護を拒否することなく、必要に応じて介護を受け入れることができるだろう。

介護が持続可能なものとなるためには、介護者には要介護者等が卑屈な思いをしないで済むように配慮することが、要介護者等には介護を要するようになった事実を人間として当たり前のこととして受容することが求められる。介護とはこのように、介護者と要介護者等とが手を取り合うことではじめて成立する営みなのである。

では、そのなかに、普遍的で能動的な価値である人間の尊厳はどのようなしかたで作り出されるだろうか。とりわけ、要介護者等の能動性に注目してみよう。それはまず、要介護者等がみずからが介護を要するようになった事実を人間として当然のこととして受け入れるところから始まる。そしてこの必要に応じて提供される親切（介護）について、介護者に対して感謝を示す。そうすることで、介護は侮辱ではなく、介護として成立する。この介護の場面は、一方で、介護者が要介護者等を尊厳あるしかたで扱うことによって、人間の尊厳を遵守しようと努力しているさまを描き出している。しかし他方で、介護はあくまで親切であり、見返りを求めて行うものではないものの、やはり介護者は要介護者等の反応をみて、みずからの行為（介護）の意義を感じることができ、それによって介護を続けていくよう元気づけられる。すなわち、要介護者等は介護者への感謝をつうじて、家族介護者が人間の尊厳を遵守しようと努力しているのを支えているのである。このことが介護を成立させ、さらにその営みを持続可能なものにしている点において、要介護者等もまた人間の尊厳を遵守する生き方をしているのだ。介護者も要介護者等も、人間性を共有する同じ人間として、相互に助け合いながら人間として果たすべき義務の遂行を目指さねばならない。こうして人間は、立場の違いを超えてともに、介護という営みのなかでみずから尊厳という価値にふさわしいものになっていくことができる。「人間の尊厳」はまさしく人間として果たすべき義務なのである。

5　おわりに——当事者として介護に向き合う

本章では、カントの思想を手がかりに高齢者介護について考えてきた。私たちが高齢者介護をしようとするのは、それが人間の尊厳を遵守するひとつのありようだからである。もちろん、私たちは高齢者介護を義務として知るところにも表れているように、高齢者介護をすること、そしてその営みを持続させていくことはけっしてたやすいものではない。介護をするひとにも受けるひとにも、高齢者介護は「問題」として迫ってくる。

この問題解決に向けて、カントの人間の尊厳という考え方は、高齢者介護を個々人が抱えるのではなく、社会に生きる私たち全員を当事者とすることがらであることを意識するように教えてくれた。高齢者介護をこのようにとらえれば、介護をするひとにとっての問題、介護に携わる個人に大きな負担がかかっているという問題は、社会的に雇用された介護専門職が介護の中心的な担い手となることで解決に向かっていく。他方、要介護者等にとっての問題、要介護者等になった事実を受け止められないという問題は、私たち全員が介護のとらえかたを再考することで解決に向かっていく。介護を受けることはけっして負債を抱えることではなく、人間として当たり前のことであり、介護を要するようになったからといって卑屈になってはならない。とはいえ、人間の考え方はすぐには変わらないものなのだから、いずれ要介護者等になりうるあらゆる人間は、介護を要するようになるのも人間性であると、介護を要さないうちから考えておかねばならない。こうした介護イメージを人間全体でわかちあいながら、みずからが介護者の立場であるときには要介護者等に親切にする。みずからが要介護者等であるときには介護者に感謝する。こうして介護は今後も続けられていくことができる。だれもが介護の当事者だとは、そういうことなのである。

＊　＊　＊

【読書ガイド】

・秋元康隆『いまを生きるカント倫理学』集英社新書、二〇二二年〔解題〕本章と同様に、カント倫理学に基づいて現代社会が抱える問題への回答を試みている。本書によって引き続き、生殖医療やＡＩなど、カントの生きた時代には考えつきもしなかっただろう問題に取り組むことができるだろう。

・大岡頼光『なぜ老人を介護するのか――スウェーデンと日本の家と死生観』勁草書房、二〇〇四年〔解題〕日本において高齢者介護が家族によって担われてきた根拠が、フランスの社会学者デュルケムの「人格崇拝」という考えにみてとられている。どの高齢者にも「聖なるもの」を見出す人格崇拝の論理は個々の高齢者に注目するものである点で、カントのいう人間性に基づく人間の尊厳とはまったく異なる。本章での議論と比較してみると面白いだろう。

・森下直貴『21世紀の「老い」の思想――人生１００年時代の世代責任』知泉書館、二〇二二年〔解題〕本章と同様に、超高齢社会における問題をだれもが当事者として取り組むべきものとして論じている。本章では、高齢者介護の実情や問題点を政府統計と私自身が身近でみてきた高齢者介護のほんの一例から取り出したが、本書はこうした問題の社会的・制度的な背景や経済格差の実態にも詳しい。本書から得られるより多くの情報を手がかりに、高齢者介護についての思索をいっそう深めてほしい。

責任編者解題

人間は他者との関係の中で一生を過ごす。その際、家族は人間にとって最も身近にあり、かつ密接に関わる集団もしくは領域となるが、それゆえに家族は、その時々の社会的課題を色濃く反映して変容しつつその維持存続がはかられることになる。未来世界の家族について哲学することは、したがって、私たちがこれから他者や社会とのどのような関係性を基軸にして人生をデザインしてゆくことになるのかという問題に直結している。

本巻の各章を責任編者なりの視点から概観したい。各章における論点のすべてが採り上げられているわけではないことをあらかじめお断りしておく。

中塚晶博氏による第1章**「家族なき世界における介護の未来――個人の自由と法律・制度」**では「家族介護の地獄化」をキーワードに、家族を介護する現場にどのような機能不全の種が潜んでいるか、それを取り除くにはどのような解決が図られるべきかが、特に法制度に注目した視点から論じられる。

高齢者の介護をその家族が引き受けることは当然だという言説は今日でも強固に社会通念化してい

る。本章で中塚氏は、この社会通念を根拠づけてきたものとして家制度、親孝行、扶養義務の分析を行っている。これらのうち家制度の分析について振り返れば、家制度にあって家族は「それ自体が一個の生活体であって、個人はその手足」（本書：一一頁）であった。財産は個人でなく家に帰属すると考えられ、武士、町人、百姓を問わずあらゆる人々が家に所属し、その家の職業を営むことによって生きていた。国とは家々がピラミッド状に階層をなして形成する集合体であった。かくして家制度は社会秩序や法律を定めるための基礎であり、まさに「法制度の以前に家制度があり、国家権力の以前に家父権があった」（本書：九頁）のである。このような社会にあっては個人を守護してくれるものは家であり、家中の高齢者の介護を一家内で担うのは至極あたりまえのことであった。

しかし「人間は皆それぞれ平等で独立した存在なのだから、何人も他人の生命や健康、自由、財産を侵害してはならない」（本書：一八頁）と説くロックの人権説が世界を覆い尽くすに至って、家制度はかつてのような基礎的地位を失った。家族の関係は、家という一生活体の手足というものから、独立した個人間の関係へと変化した。このことによって家族介護は二者間の関係性として再設定されることとなったが、そのことが一つのアポリアを私たちに突きつけることとなった。

その問題とは、家族介護の現場にあっては、介護を受ける高齢者がその生命や健康や自由や財産を侵害されないということと、介護を施す家族が同様にその生命や健康や自由や財産を侵害されないことが両立することは自明のことではなく、むしろ極めて不安定な均衡の上でかろうじて成り立っていることであるが、一旦このバランスが崩れかけた場合にそれを調停する役割を担うものが見当たらない、つまり、「家族介護の地獄化」を防止する有効な歯止めが存在しないというものである。

これについて中塚氏は、今後は家族を「利害が一致するとは限らない個人の集合体」（本書：四六頁）と捉え直して、そこにおける紛争調停が適切に処遇されるような適正な手続きを社会的、制度的に用意すべきだと提案する。家族のことは家族内でという内向きの方向性から方向転換し、社会に開いてゆく方向に立つべき時に私たちは差しかかっているのかもしれない。

日比野由利氏による第2章**「生殖技術がつくり出す多様な家族——後期近代における血縁と親密圏の再編成」**では、生殖技術の利用が珍しいことではなくなった今日、この技術が入ってきたことによって家族や親子の関係にどのような変化が生じてきているのかが考察される。

血縁者に由来しない精子、卵子、受精卵、子宮といったものが利用される生殖技術は「第三者が関わる生殖技術」（本書：五〇頁）と呼ばれるが、それは従来家族とされてきた人間関係の枠に、それとは異質な人間関係が闖入することを表すものでもある。これによって、子どもにとって親が「遺伝上の親」、「産みの親」、「育ての親」の三者に分離する（三者のうちいずれかが同一人物によって兼ねられる場合を含む）。逆に言えば、これによって誰を親とし、誰を親としないか、親としない人についてはその処遇をどうするか、といった問題が起こってくる。

さらに、「出自を知る権利」（本書：五六頁）がこのことに関わってくる。「第三者」が関わって誕生した子どもにどのようにその情報を提供するかという問題は、親が直接に、多くの場合はその子が幼い頃から伝える「テリング（真実告知）」（本書：六〇頁）という積極的な方法から、情報を記したファイルを居間に置いておくといった消極的な方法、さらには親からの開示ではなく遺伝子検査によって本人が知ってゆくという自主的な方法など、多様化した現状があり、一つの結論に落ち着いているわけではない。

テリングを例に取れば、生殖技術を利用して子どもを得たカップルが、「このような技術を利用してまで会いたかった相手があなたである」などとテリングを通じて語りかけることで愛情が伝えられるとする言説が支配的であるが、実際には、テリングを受けたことで子は傷つき、思い悩むが、「第三者」に対して過剰な興味や愛着を持ってほしくないという親の本音を汲み取って口を閉ざしてしまう可能性もある。

加えて本章では、精子提供者に面会を求める子どもの例、遺伝子検査によって遺伝上のきょうだいとつながろうとする例など、「第三者」（とその周辺）を家族に含めたいとする動きもあることが報告された。しかし「第三者」にも既存の家族や人間関係があるからには、その枠を変容させてまでこの新しい関係者と家族関係を結ぶことを歓迎するかは未知数である。

本章を総括して日比野氏は次のように語る。生殖技術の発展がさまざまなライフスタイルの可能性を広げているのは確かであるが、その中で逃れられない仕方で置かれているのは、一般的な生殖とは異なる方法で出生した人々であり、彼らは自らの存在全体でこれを受け止めているのだ、と。生殖技術の普及によってもたらされた、誰を親とし、誰を親としないか、また、誰を子とし、誰を子としないか、誰をきょうだいとし、誰をきょうだいとしないか、総じて、誰を家族とし、誰を家族としないかという問題は、どこに帰着するかいまだ見通しが立てられる段階にはない。むしろ生殖技術によって子どもを得ることが、カップルによる自然妊娠と同様に一般的なこととなってゆくに伴って、この問題は今後さらに複雑化し、しかしそこから帰着点に向けた道筋も現れてくることになるだろう。子どもを得るという場面においても私たちはいま家族について再定義することを迫られているのである。

安部彰氏による第3章「**ヤングケアラーから考える——その問題と私たちがめざすべきケアと社会の未来について**」では、ヤングケアラー問題に注目することを通じてケアと社会の未来が展望される。ヤングケアラーは「本来大人が担うと想定されている」（本書：九二頁）家事や家族の世話を日常的に行っているとされるが、なぜそれが「本来大人が担うべき」とされるかといえば、それは「ケア責任と負担の大きさ」（本書：一〇五頁）のゆえであると言い得る。ヤングケアラーは量的にも質的にもケアに膨大なエネルギーを提供して消耗している。そしてその提供が一時的でなく日常的なものであり、しかも離れられずいつ終わるともしれないものであることによって、「学業や友人関係などに影響が出てしまう」（本書：九五頁）どころか、職業選択や将来像を描くことにも深く影響が及ぼされる結果となっている。さらに安部氏は、こうした負担重きケアから解放されたかつてのヤングケアラーたちの多くが、ケアの現場から自分が離れたことに解放感ではなく罪悪感を抱いていることを報告している。子どもの時分にヤングケアラーとなることは、その子の一生に大きく影を落とす重大事なのである。ヤングケアラーに対する支援も現状では十分とは言い難い。

このように課題山積のヤングケアラー問題であるが、もしもその「ケア責任と負担の大きさ」が緩和されて学業や職業選択等に悪影響が出ないように措置できたとしたらどうだろうか。安部氏は、そうなればそこに「ケアの徳」（本書：一一六頁）というポジティブ面が見られるようになると言う。障がいや病気に関する知識や家事のスキル、介護のスキル、つらい状況でもやり抜く強さ、他者の気持ちを汲み取る感受性、優しさ、他人の期待に応えようとする意志力等、ケア経験を通じて子どもたちはさまざまに磨かれてゆくことを得る。また、必要とされ意味あることとみなされる役目を長年担ったという達成感や誇りも得られる。若い時にケアを担うことは、「現在の自分を作っている大事な部分にもなっており、自分のその後の人生を選ぶ時のさまざまな選択につながっている」（本書：一一四頁）という好転を子どもたちにもたらす可能性を秘めているのである。

しかしそのためにはヤングケアラーにケアが集中的に押し付けられることがないように社会全体でケアを分担するように変えてゆく必要がある。この点を踏まえて安部氏は「ケアはいわば「しなければならない」と「するとよい」の中間にあたる行為であるのが望ましい」（本書：一二二頁）と提言する。つまりこれからの社会はケアに「従事しない」人が含まれる社会ではなく、誰もがケアに参加し、社会全体がケアに満たされる社会となるべきことを安部氏は構想する。そのような社会が到来することで「ケアの徳」も社会全体に行き渡り、ケアマインドに満ちた未来世界の登場が期待できる。

平出喜代恵氏による第4章**「人間の義務としての高齢者介護——尊厳・親切・感謝のコミュニケーション」**では、介護をすべきだという規範意識の根拠について、カント倫理学に基づいた考察が行われる。考察の結果、その根拠は平出氏によって次のように表明される。「介護を要する人間をその必要に応じて介護することは人間の尊厳の遵守のありようであり、人間はこれを義務としてみずからに突きつけているからである」（本書：一五一頁）。

平出氏は「人間として果たすべき義務の遂行はけっしてたやすいものではないが、そのために努力する能力をあらゆる人間は共有している。この能力のゆえに、あらゆる人間は尊厳あるものとして扱われねばならない」（本書：一四三–四頁）というカントの言を採り上げ、義務のために努力することの意義を強調する。介護をすることが人間の義務の一つとして位置づけられるならば、介護をすることに努力を注ぎ込むことにも人間の尊厳が現れるということになるだろう。

この行いは二つの局面で人間の尊厳の現出に関わる。その一つは介護を受けるという局面であり、介護することに人間が努力を注ぎ込むことは、介護される人間に対してその行いを人間に対してふさわしいものとして提供することに注力すること、つまり介護される人がまさに人間として取り扱われることがそこに含まれることになる。もう一つは介護するという局面である。人間にふさわしい扱いを相手に提供しようと模索し続ける行いは人間性を追求する行為そのものであり、そのことによって介護する人間もまた人間であることを実現してゆく。かくして介護は、介護される人間と介護する人間の両方を人間にしてゆくこととして捉えられる。

そこで未来世界をデザインするという観点からは、これからの社会をそこに居るすべての人間が人間であることを実現してゆく社会、すなわち人間にふさわしい扱いを皆が受けられ、あわせて人間にふさわしい振る舞いを皆がすることができる社会とするために、介護をそこにどのように浸透させていったらよいかということが問題になる。

この点について平出氏は、介護が「特定のだれかと特定のだれかのあいだで行われる個人的なやり取りではなく、あらゆる人間を当事者とする人間全体の営み」（本書：一五八頁）となる必要があると主張し、そのためにこれからの介護は「受けた世話と同等のものをまさにその相手に返す」（本書：一五四頁）恩返しの発想からではなく、「見返りを期待することなく、自分にできる範囲で、助けを必要としているひとに手を差し伸べる」（本書：一六〇頁）親切の発想から行われるべきであるとする。そしてそのために「人間だれもがその必要に応じて介護される状態をつくること」（本書：一六二頁）を提案する。

この考えに則れば、これからの介護は家族内に閉じられたものとしてではなく、社会を挙げて皆で全体的に担うものとなることだろう。普段から皆への介護に進んで取り組んだ人々は、介護を受ける側となった暁には、今度は皆からの介護を感謝しつつ受け取るようになるに違いない。

かつて家族や家庭は公に対する私の領域に属するものとして位置づけられ、公的空間はこれら無数の私的領域によって支えられているとみなされてきた。私的領域を維持する目的のみならず、公的空間で活躍する人を出すべく家族は家庭内で子どもを作り、教育・養育を行い、公的空間に出ることをサポートし、公的空間から引退した後には介護した。しかし本巻で見た現代のさまざまな局面で、私たちは公私のこうした区別が曖昧となり、崩壊し、逆転さえしている様子を見ることとなった。現代にあって家庭は公的意識から解放される場所ではなく、結婚や出産や介護も公的秩序を適用すべき事柄として捉えられている。現代において家族は公と一線を画した私的集団ではなく、むしろ一種の公的関係性となりつつある。

このことは私たち一人ひとりが平等で独立した個人であることをより強固に保証されることである反面、それにふさわしい公的人間としてふるまうことから片時も解放されないことを意味する。しかも、そのような人間となることを用意する訓練的時間や空間はますます狭くなり、いわば準備もなしにいきなり実社会へと放り込まれ、ぶっつけ本番で模範的社会人を余裕なしに演じさせられているような印象さえある。それは果たして本当の意味での人間の自由を意味するのだろうか。

しかしながら未来世界の社会と家族がこのような方向に進むものであるなら、人間が模範的社会人となる養成課程は私的領域にではなく、公的社会のシステムの中に組み込まれて設計される必要が出てくる。本巻ではそのことを特に生殖と介護の場面を通じて確認してきたが、教育や就業の場面等でも同様のことが当てはまるに違いない。その一方で、模範的社会人となり得なかった人はこうした公的社会の中でどこに位置することになるのだろうか。こうした人々の増加によってむしろ未来の公的社会が崩壊してしまうような危険性はないものか。注意深く慎重に見定めてゆく必要があるようにも思われる。

引用・参照文献

第1章

・秋月観暎「道教と仏教の父母恩重経——両経の成立をめぐる諸問題」『宗教研究』39巻4号：四一五‐四四六頁、一九六六年
・梅原真隆『歎異抄 附 現代語訳』角川文庫、一九五四年
・カント、イマヌエル『道徳形而上学の基礎づけ』中山元訳、光文社古典新訳文庫、二〇一二年
・厚生労働省『平成18年版厚生労働白書』第二部第五章、二〇〇六年
・渋谷秀樹『憲法 第3版』一八七頁、有斐閣、二〇一七年
・高木八尺、末延三次、宮沢俊義『人権宣言集』岩波文庫、一九五七年
・坪井直子「舜子変文と『二十四孝』「二十四孝」の誕生」『佛教大学大学院紀要』29号：三一頁‐三九頁、二〇〇一年
・二宮周平『多様化する家族と法Ⅱ 子どもの育ちを支える、家族を支える』一〇九頁、朝陽会、二〇二〇年
・藤崎宏子「介護保険制度と介護の「社会化」「再家族化」」『福祉社会学研究』六巻：四一‐五七頁、二〇〇九年
・穂積八束「民法出テ、忠孝亡フ」『法学新報』5号：八頁、一八九一年
・水野紀子「日本家族法のルーツを考える」『法学教室』二〇二一年四月号：八五‐九〇頁、二〇二一年
・森下直貴、佐野誠編著『新版「生きるに値しない命」とは誰のことか——ナチス安楽死思想の原典からの考察』中公選書、二〇二〇年
・湯原悦子『介護殺人の予防——介護者支援の視点から』クレス出版、二〇一七年
・ラッセル、バートランド『西洋哲学史』市井三郎訳、みすず書房、一九六九年
・リルケ、ライナー・マリア『マルテの手記』大山定一訳、新潮文庫、一九五三年
・ロック、ジョン『市民政府論』角田安正訳、光文社古典新訳文庫、二〇一一年

第2章

・和泉広恵「生殖補助医療と家族」『家族研究年報』№40：一-五頁、二〇一五年
・石原理『生殖医療と家族のかたち――先進国スウェーデンの実践』平凡社新書、二〇一〇年
・上杉富之「ポスト生殖革命時代の親子と家族――多元的親子関係と相互浸透的家族」『法律時報』86（3）、七〇-七五ページ、二〇一四年
・Elaine, T. M., "Barren in the promised land: childless Americans and the pursuit of happiness," NY: Basic Books, p. 67, 1995
・大塚玲子『ルポ　定形外家族――わたしの家は「ふつう」じゃない』SB新書、二〇二〇年
・大野和基『私の半分はどこから来たのか――AIDで生まれた子の苦悩』朝日新聞出版、二〇二二年
・荻野美穂「代理出産の意味するもの――「搾取」と「自己決定」の間で」『大阪大学日本学報』28：二一-三九頁、二〇〇九年
・荻野美穂「卵子提供――女性の身体の資源化という視点から」『女性学研究』22巻：四三-五四頁、二〇一五年
・落合恵美子『近代家族とフェミニズム』勁草書房、二〇二二年
・Kirkman, M., Parents' contributions to the narrative identity of offspring of donor-assisted conception, Social Science & Medicine, 57(11), pp. 2229-42, 2003
・Carone, N., Baiocco, R., Manzi, D. et al., Surrogacy families headed by gay men: relationships with surrogates and egg donors, fathers' decisions over disclosure and children's views on their surrogacy origins, Human Reproduction, 1, 33(2), pp. 248-57, 2018
・ギデンズ、アンソニー『親密性の変容――近代社会におけるセクシュアリティ、愛情、エロティシズム』松尾精文、松川昭子訳、而立書房、一九九五年
・ギデンズ、アンソニー『暴走する世界――グローバリゼーションは何をどう変えるのか』佐和隆光訳、九六頁、ダイヤモンド社、二〇一七年
・Clarke, M., "Islam and new kinship: reproductive technology and the shariah in Lebanon", New York and Oxford: Berghahn Books, 2009

・Guntram, L., Williams, N. J., Positioning uterus transplantation as a ‘more ethical’ alternative to surrogacy: Exploring symmetries between uterus transplantation and surrogacy through analysis of a Swedish government white paper, Bioethics, 32(8), pp. 509–518, 2018
・Golombok, S., Lycett, E., MacCallum, F. et al., Parenting infants conceived by gamete donation, Journal of Family Psychology, 18(3), pp. 443–52, 2004
・Golombok, S., Murray, C., Jadva, V. et al., Non-genetic and non-gestational parenthood: consequences for parent-child relationships and the psychological well-being of mothers, fathers and children at age 3, Human Reproduction, 21(7), pp. 1918–24, 2006
・Zadeh, S., Disclosure of donor conception in the era of non-anonymity: safeguarding and promoting the interests of donor-conceived individuals?, Human Reproduction, 31(11), pp. 2416–20, 2016
・Jacobson, H., A limited market: the recruitment of gay men as surrogacy clients by the infertility industry in the USA, Reprodutive Biomedicine & Society Online, 7, pp. 14–23, 2018
・千田有紀『日本型近代家族――どこから来てどこへ行くのか』勁草書房、二〇一一年
・仙波由加里ほか「精子ドナーの匿名性をめぐる問題――遺伝子検査の時代に」『生命倫理』27（1）：一〇五–一一二頁、二〇一七年
・田間泰子『母性愛という制度――子殺しと中絶のポリティクス』二二六頁、勁草書房、二〇〇一年
・ディングル、サラ『ドナーで生まれた子どもたち 「精子・卵子・受精卵」売買の汚れた真実』渡邊真里訳、日経ナショナル ジオグラフィック、二〇二二年
・Tremayne, S., The dilemma of assisted reproduction in Iran, FVV in ObGyn, Monograph, pp. 70–74, 2012
・二宮周平編『ＬＧＢＴＱの家族形成支援――生殖補助医療・養子&里親による』信山社、二〇二二年
・日本学術会議 生殖補助医療の在り方検討委員会「対外報告：代理懐胎を中心とする生殖補助医療の課題――社会的合意に向けて」二〇〇八年
・野辺陽子『養子縁組の社会学――〈日本人〉にとって〈血縁〉とはなにか』新曜社、二〇一八年
・Harper, C. J., Kennett, D., Dan, D., The end of donor anonymity: how genetic testing is likely to drive anonymous gamete

donation out of business, Human Reproduction, 31(6), pp. 1135–40, 2016
・バスチアンセン、リーン「ベルギーでＡＩＤで生まれるということ」お茶の水女子大学ジェンダー研究所オンライン国際フォーラム記録集『出自を知ることがなぜ重要なのか――提供精子で生まれた人たちの経験と思い』四七頁、二〇二一年
・Partridge, E., Davey, M., Hornick, M. et al., An extra-uterine system to physiologically support the extreme premature lamb, Nature Communications, 8, p. 15112, 2017
・Petersen, M. N., Between precarity and privilege: Claiming motherhood as gay fathers through transnational commercial surrogacy. "(In) Fertile Citizens: Anthropological and Legal Challenges of Assisted Reproduction Technologies", Alexandria Publications, pp. 93–100, 2015
・非配偶者間人工授精で生まれた人の自助グループ［DOG: DI Offspring Group］、長沖暁子編著『ＡＩＤで生まれるということ 精子提供で生まれた子どもたちの声』萬書房、二〇一四年
・日比野由利『ルポ 生殖ビジネス――世界で「出産」はどう商品化されているか』朝日選書、二〇一五年
・日比野由利「英国がミトコンドリア提供の臨床応用を決定」『産科と婦人科』82(12)：一四四〇-四五頁、二〇一五年
・日比野由利「臨床試験としての子宮移植」『女たちの21世紀』93：四六-四七頁、二〇一八年
・日比野由利「第三者が関わる生殖技術と子ども――家族の多様性と子どもの語りをめぐるポリティクス」野辺陽子編『家族変動と子どもの社会学――子どものリアリティ／子どもをめぐるポリティクス』九五-一二七頁、新曜社、二〇二二年
・日比野由利「男性の視点から見た生殖――「生殖医療は女性を救うのか」という問いを逆照射するもの」『現代思想』51(6)：一九七-二〇四頁、二〇二三年
・ファイアストーン、シュラミス『性の弁証法――女性解放革命の場合』林弘子訳、評論社、一九七二年
・Blake, L., Carone, N., Slutsky, J. et al., Gay father surrogacy families: relationships with surrogates and egg donors and parental disclosure of children's origins, Fertility and Sterility, 106(6), pp. 1503–09, 2016
・ベック、ウルリッヒ＆ベック＝ゲルンスハイム、エリーザベト『愛は遠く離れて――グローバル時代の「家族」のかたち』伊藤美登里訳、岩波書店、二〇一四年

・Hertz, R., Nelson, M. K., "Random families: genetic strangers, sperm donor siblings, and the creation of new kin", Oxford University Press, 2018
・由井秀樹『人工授精の近代——戦後の「家族」と医療・技術』青弓社、二〇一五年
・Lahl. J. et al. "Broken Bonds: Surrogate Mothers Speak Out", Spinifex Press, 2019
・渡辺秀樹「家族の内の多様性と家族の外の多様性」『家族研究年報』40巻：二五‐三七頁、二〇一五年

第3章

・アリストテレス『ニコマコス倫理学（上）』渡辺邦夫、立花幸司訳、光文社古典新訳文庫、二〇一五年
・グレーバー、デヴィッド『ブルシット・ジョブ——クソどうでもいい仕事の理論』酒井隆史、芳賀達彦、森田和樹訳、岩波書店、二〇二〇年
・濱島淑惠『子ども介護者——ヤングケアラーの現実と社会の壁』角川新書、二〇二一年
・原めぐみ「ヤングケアラーになる移民の子どもたち——大阪・ミナミのケーススタディ」『〈共同研究〉多民族社会における宗教と文化』24：四三‐五二頁、二〇二一年
・蔭山正子「精神疾患を抱えた親のもとで育つ子ども・若者」『現代思想』50(14)：九五‐一〇五頁、二〇二二年
・木下衆『家族はなぜ介護してしまうのか——認知症の社会学』世界思想社、二〇一九年
・毎日新聞取材班『ヤングケアラー——介護する子どもたち』毎日新聞出版、二〇二一年
・宮崎成悟「誰のせいでもないし誰も悪くない」澁谷智子編『ヤングケアラー わたしの語り——子どもや若者が経験した家族のケア・介護』一五‐四一頁、生活書院、二〇二〇年
・村上靖彦『ヤングケアラーとは誰か——家族を〝気づかう〟子どもたちの孤立』朝日選書、二〇二二年
・持田恭子「家族が家族だけでケアを抱えなくていい社会へ」『現代思想』50(14)：二九‐三九頁、二〇二二年
・中津真美「ヤングケアラーの中のコーダ——きこえない親をもつきこえる子どもの通訳の役割」『現代思想』50(14)：六八‐七六頁、二〇二二年
・中村佑子『わたしが誰かわからない——ヤングケアラーを探す旅』医学書院、二〇二三年
・信田さよ子「ヤングケアラーとアダルト・チルドレン」『現代思想』50(14)：八六‐九四頁、二〇二二年
・岡野八代『ケアの倫理——フェミニズムの政治思想』岩波新書、二〇二四年

・沖侑香里「障がいのある妹と私――「きょうだい」として感じてきたこと」澁谷智子編『ヤングケアラー わたしの語り――子どもや若者が経験した家族のケア・介護』六六-一〇一頁、生活書院、二〇二〇年
・小ヶ谷千穂「移動する子どもと「ケア」役割――「移動する家族」と「移動の中の子ども時代（Mobile Childhood）」の文脈から」『現代思想』50（14）：七八-八五頁、二〇二二年
・斎藤真緒「あらためて、ヤングケアラー「ブーム」を問う――問題の射程と次元の再考のために」『現代思想』50（14）：四〇-五〇頁、二〇二二年
・澁谷智子『ヤングケアラーってなんだろう』ちくまプリマー新書、二〇二二年
・澁谷智子編『ヤングケアラー わたしの語り――子どもや若者が経験した家族のケア・介護』生活書院、二〇二〇年
・こども家庭庁ホームページ「ヤングケアラーについて」https://www.cfa.go.jp/policies/young-carer（二〇二四年六月三〇日閲覧）
・高崎市ホームページ「ヤングケアラーSOS」https://www.city.takasaki.gunma.jp/site/notice/1945.html（二〇二四年八月二三日閲覧）

第4章

・Kant, I., *Kant's Gesammelte Schriften*, Hrsg. von der Königlichen Preußischen Akademie der Wissenschaften und Nachfolgern, Bd. IV, Berlin, 1903（カント、イマヌエル『道徳形而上学の基礎づけ』宇都宮芳明訳・注解、以文社、一九九八年）
・Kant, I., *Kant's Gesammelte Schriften*, Hrsg. von der Königlichen Preußischen Akademie der Wissenschaften und Nachfolgern, Bd. V, Berlin, 1908（カント、イマヌエル『実践理性批判』宇都宮芳明訳・注解、以文社、二〇〇七年）
・Kant, I., *Kant's Gesammelte Schriften*, Hrsg. von der Königlichen Preußischen Akademie der Wissenschaften und Nachfolgern, Bd. VI, Berlin, 1908（『カント全集一一　人倫の形而上学』樽井正義、池尾恭一訳、岩波書店、二〇〇二年）
・厚生労働省「平成一三年　国民生活基礎調査」「Ⅲ　介護の状況」「3　主な介護者の状況」https://www.mhlw.go.jp/toukei/saikin/hw/k-tyosa/k-tyosa01/3-3.html（二〇二四年三月一一日閲覧）
・厚生労働省「二〇二二（令和4）年　国民健康基礎調査の概況」https://www.mhlw.go.jp/toukei/saikin/hw/k-tyosa/k-tyosa22/dl/14.pdf（二〇二四年三月一一日閲覧）

・厚生労働省「介護保険制度の概要」https://www.mhlw.go.jp/content/000801559.pdf（二〇二四年三月一一日閲覧）
・総務省「令和四年　就業構造基本調査結果の要約」https://www.stat.go.jp/data/shugyou/2022/pdf/kall.pdf（二〇二四年三月一一日閲覧）

●責任編者・執筆者紹介●

※［ ］内は執筆担当部分

【責任編者】

水野友晴（みずの・ともはる） 関西大学文学部総合人文学科教授。京都大学大学院文学研究科博士後期課程研究指導認定退学。博士（文学）。研究テーマは西田幾多郎、鈴木大拙を中心とする日本近代哲学、宗教哲学、比較思想。著作に『「世界的自覚」と「東洋」―西田幾多郎と鈴木大拙』(こぶし書房)、『道徳教育の変遷・展開・展望』(共著、学文社)、『共同研究 共生―そのエトス、パトス、ロゴス』(共著、こぶし書房)など［責任編者解題］

【執筆者】

中塚晶博（なかつか・まさひろ） 岐阜聖徳学園大学看護学部教授。博士（医学）。神経内科専門医。京都大学大学院医学研究科博士後期課程単位取得退学。研究テーマは神経心理学、フィールド医学、医療人類学、生命倫理。著書に『医療・看護に携わる人のための人権・倫理読本』(分担執筆、法律文化社)など［第１章］

日比野由利（ひびの・ゆり） 金沢大学融合研究域融合科学系准教授。金沢大学医薬保健研究域医学系を経て現職。博士（保健学）。研究テーマは、社会学、融合科学、生命倫理。著作に『家族変動と子どもの社会学―子どものリアリティ／子どもをめぐるポリティクス』(共著、新曜社)、『LGBTQの家族形成支援―生殖補助医療・養子＆里親による』(共著、信山社)、『東アジアの家族とセクシュアリティ―規範と逸脱』(共著、京都大学学術出版会)など［第２章］

安部　彰（あべ・あきら） 三重県立看護大学看護学部教授。立命館大学大学院先端総合学術研究科一貫制博士課程修了。博士（学術）。研究テーマは、英米倫理学・政治哲学、医療・看護倫理学。著作に『連帯の挨拶―ローティと希望の思想』(生活書院)、『レイシズムを考える』(共著、共和国)など［第３章］

平出喜代恵（ひらで・きよえ） 関西大学文学部総合人文学科准教授。関西大学大学院博士課程後期課程修了。博士（文学）。研究テーマはカントを中心とする西洋近代哲学、倫理学、生命倫理学。論文に「カントにおける理性信仰の意義」(『アルケー』23号、関西哲学会)、「カントにおける自己への信頼」(『倫理学研究』48号、関西倫理学会)など［第４章］

索　引

略　語

あ　行

か　行

《未来世界を哲学する・第 4 巻》
家族と互助・共助の哲学

令和 7 年 1 月 30 日　発　行

責任編者　水　野　友　晴

発行者　池　田　和　博

発行所　丸善出版株式会社
〒101-0051 東京都千代田区神田神保町二丁目17番
編集：電話(03)3512-3264／FAX(03)3512-3272
営業：電話(03)3512-3256／FAX(03)3512-3270
https://www.maruzen-publishing.co.jp

組版印刷・製本／藤原印刷株式会社

ISBN 978-4-621-30987-2 C 1310　Printed in Japan

《未来世界を哲学する・全12巻》刊行にあたって

日本を含めて二一世紀の人類社会は、前世紀から引き続くグローバル化や、地球温暖化、デジタル化、人口高齢化などによって、経済・共同・公共・文化のあらゆる領域で大きく変容し、従来の思考の枠組みでは対応できないような課題群に直面しています。

いま、哲学・思想に関わる人文学・社会科学系の研究者に求められているのは、理系・技術系の分野と融合しながら、三〇年後、五〇年後の未来を見据えつつ、そうした課題群に対して大局的かつ根本的に挑戦し、人類社会の進むべき方向を指し示すことではないでしょうか。

本シリーズは、次世代を担う若手・中堅の研究者を積極的に起用し、たんなる理論の紹介ではなく、時代の要請に応える生きた思想を尖った形で提示してもらうことで、高校生から大学生や一般の人々にとって、それらが未来世界を考え生きるためのヒントになってくれることを目指しています。

丸善出版では二〇〇二年から数年かけて「現代社会の倫理を考える」全17巻を刊行しました。本シリーズはその後継になりますが、前記の目標を達成するために、課題群に対応した全巻の構成、各章の設定、執筆者の選定、原稿の査読に関して編集委員会が一貫した責任をもつとともに、各巻を少数精鋭の四人で執筆し、それに論点を整理した解題を付けるという点に、前シリーズとも類書とも異なる特徴があります。

〔編集委員会〕森下直貴（委員長）、美馬達哉、神島裕子、水野友晴、長田　怜